马克思主义简明读本

社会主义初级阶段理论

丛书主编：韩喜平
本书著者：徐景一

编委会：韩喜平　邵彦敏　吴宏政
　　　　王为全　罗克全　张中国
　　　　王　颖　石　英　里光年

吉林出版集团股份有限公司

图书在版编目（CIP）数据

社会主义初级阶段理论 / 徐景一著. -- 长春：吉林出版集团股份有限公司，2014.4（2021.2重印）
（马克思主义简明读本）

ISBN 978-7-5534-2613-6

Ⅰ.①社… Ⅱ.①徐… Ⅲ.①社会主义初级阶段—理论研究—中国 Ⅳ.①D616

中国版本图书馆CIP数据核字（2013）第174253号

社会主义初级阶段理论
SHEHUI ZHUYI CHUJI JIEDUAN LILUN

丛书主编：	韩喜平
本书著者：	徐景一
项目策划：	周海英　耿　宏
项目负责：	周海英　耿　宏　宫志伟
责任编辑：	陈　曲
出　　版：	吉林出版集团股份有限公司
发　　行：	吉林出版集团社科图书有限公司
电　　话：	0431-81629720
印　　刷：	永清县晔盛亚胶印有限公司
开　　本：	710mm×960mm　1/16
字　　数：	100千字
印　　张：	12
版　　次：	2014年4月第1版
印　　次：	2021年2月第4次印刷
书　　号：	ISBN 978-7-5534-2613-6
定　　价：	36.00元

如发现印装质量问题，影响阅读，请与出版方联系调换。

序　言

习近平总书记指出，青年最富有朝气、最富有梦想，青年兴则国家兴，青年强则国家强。青年是民族的未来，"中国梦"是我们的，更是青年一代的，实现中华民族伟大复兴的"中国梦"需要依靠广大青年的不断努力。

要提高青年人的理论素养。理论是科学化、系统化、观念化的复杂知识体系，也是认识问题、分析问题、解决问题的思想方法和工作方法。青年正处于世界观、方法论形成的关键时期，特别是在知识爆炸、文化快餐消费盛行的今天，如果能够静下心来学习一点理论知识，对于提高他们分析问题、辨别是非的能力有着很大的帮助。

要提高青年人的政治理论素养。青年是祖国的未来，是社会主义的建设者和接班人。党的十八大报告指出，回首近代以来中国波澜壮阔的历史，展望中华民族充满希望的未来，我们得出一个坚定的结论——实现中华民族伟大复兴，必须坚定不移地走中国特色社会主义道路。要建立青年人对中国特色社会主义的道路自信、理论自信、制度自信，就必须要对他们进行马克思主义理论教育，特别是中国特色社会主义理论体系教育。

要提高青年人的创新能力。创新是推动民族进步和社会发展的不竭动力，培养青年人的创新能力是全社会的重要职责。但创新从来都是继承与发展的统一，它需要知识的积淀，需要理论素养的提升。马克思主义理论是人类社会最为重大的理论创新，系统地学习马克思主义理论有助于青年人创新能力的提升。

要培养青年人的远大志向。"一个民族只有拥有那些关注天空的人，这个民族才有希望。如果一个民族只是关心眼下脚下的事情，这个民族是没有未来的。"马克思主义是关注人类自由与解放的理论，是胸怀世界、关注人类的理论，青年人志存高远，奋发有为，应该学会用马克思主义理论武装自己，胸怀世界，关注人类。

正是基于以上几点考虑，我们编写了这套《马克思主义简明读本》系列丛书，以便更全面地展示马克思主义理论基础知识。希望青年朋友们通过学习，能够切实收到成效。

韩喜平
2013年8月

目　录

引　言 / 001

第一章　社会主义初级阶段是中国的基本国情 / 004

第一节　社会主义初级阶段理论的发展脉络 / 005

第二节　社会主义初级阶段的科学含义 / 017

第三节　社会主义初级的主要特征 / 028

第二章　社会主义初级阶段的长期性 / 032

第一节　社会主义初级阶段长期性的正确理解 / 032

第二节　社会主义初级阶段长期性的正确认识 / 038

第三章　社会主义初级阶段的基本路线和基本纲领 / 042

第一节　社会主义初级阶段社会的主要矛盾 / 042

第二节　社会主义初级阶段的基本路线 / 048

第三节　社会主义初级阶段的基本纲领 / 052

第四章　社会主义初级阶段的战略目标 / 062

第一节　"三步走"的发展战略 / 062

第二节　全面建设小康社会（上）/ 073

第三节　全面建设小康社会（中）/ 086

第四节　全面建设小康社会（下）/ 101

第五章　实现既定发展目标的战略重点 / 112

第一节　产业结构调整 / 113

第二节　城镇化道路 / 126

第三节　可持续发展道路 / 132

第四节　区域经济协调发展 / 138

第五节　科教兴国与人才强国战略 / 146

第六节　转变经济增长方式 / 158

第七节　全面建成小康社会 / 172

参考文献 / 183

引　言

中国社会主义初级阶段不是泛指任何国家进入社会主义都会经历的起始阶段，而是特指中国进入社会主义的时候，就生产力发展水平来说，还远远落后于发达国家；社会主义初级阶段不是社会主义经济由不发达到发达的过渡时期，而是从中国上个世纪50年代社会主义改造完成，社会主义制度初步建立到社会主义现代化基本实现，这个时间至少要延续100年，甚至是150年的时间。而中国仍处于并将长期处于社会主义初级阶段，这是从社会性质和社会发展阶段上对中国国情所作的基础性判断。建设和发展中国特色社会主义首先要从中国实际出发。社会主义初级阶段是社会主义的不成熟阶段。中国在很长的历史阶段没有实现西方国家发达的生产力和机器大工业生产，所以必须要经历一个不成熟不发达的发展阶段。这是在经济文化落后的中国建设社会主义现代化不可逾越的历史阶段。

社会主义初级阶段理论是澄清疑惑、排除干扰的思想武器，是进一步解放思想、弄清中国国情和现实的立足点和出发点。十一届三中全会以来，中国共产党正确地分析国情，作出了中国还处在社会主义初级阶段的科学论断。党的十五大重申了这一理论，在党的纲领中明确提出社会主义初级阶段的科学概念，这在马克思主义历史上是第一次。

社会主义初级阶段是中国最基本的国情，是最大的实际。建设有中国特色社会主义必须从这一实际出发，现阶段确定方针、政策，拟定工作方案，都要立足于这个基本国情。坚持社会主义初级阶段理论，提高贯彻执行党的路线方针政策的自觉性。社会主义革命和建设的实践反复证明，正确认识和把握基本国情，是建设有中国特色社会主义事业必须解决的首要问题，脱离了中国国情，社会主义事业就会遭受挫折；紧密联系中国实际，社会主义事业就能取得成功。正确认识和把握基本国情，是坚定不移地贯彻实行党的基本路线的基础。要牢牢记住正处在社会主义初级阶段这个现实，正确把握基本国情，想问题办事情不要脱离实际，防止和抵制各种错误思想干扰，确保正确的路线、方针和政策贯彻执行；牢牢把握和坚持初级阶段的基本国情,才能真正领会党的基本理论、基本路线和基本纲领的内涵,才能坚定不移地贯彻执行党在现阶段制定的路线、方针、政策。正确认识和把握社会主义初级阶段理论,坚持党的基本路线和基本纲领不动摇,把建设有中国特色社会主义事业全面推向21世纪。

第一章　社会主义初级阶段是中国的基本国情

中国社会主义处于一个什么样的发展阶段，这一阶段社会的主要矛盾、主要问题和所完成的主要任务是什么？应该制定什么样的发展路线、发展方针、主导政策、发展战略？所有这些问题，改革开放前，党进行了艰辛的尝试与实践，但又没能很好解决。新中国的建设经历过一个起伏跌宕的时期，"摸着石头过河"让新中国跌跌撞撞地前行，一个重要的原因就是对当时中国所处的经济、政治与社会发展阶段缺乏足够清醒的认识与科学的判断，制定的政策超越了当时所处的基本国情。十一届三中全会以后，党对社会主义初级阶段基本国情进行了深刻思考和准确把握，从而形成了社会主义初级阶段理论，这为中国特色社会主义道路、中国模式、中国梦奠定了坚实的理论基础。

第一节　社会主义初级阶段理论的发展脉络

像中国这样一个脱胎于半殖民地半封建社会、经过新民主主义革命和社会主义改造建立起来的社会主义社会，对它的基本国情应该怎样认识？关于无产阶级革命胜利后的社会发展阶段问题，马克思、恩格斯、列宁和斯大林都曾进行过探索，但都没提出"社会主义初级阶段"这一概念。1997年党的十五大报告指出："在党的纲领中明确提出社会主义初级阶段的科学概念，这在马克思主义历史上是第一次。"社会主义初级阶段理论吸取了前人的经验教训，指出脱胎于半封建半殖民地的中国有一个长期的、不可逾越的初级阶段，从而丰富和发展了马克思主义。马克思、恩格斯、列宁、毛泽东等老一辈理论家、革命家对这个问题都没有形成完整的理论，但可以找到其思想起源。

一、马克思、恩格斯的理论探索

马克思对取代资本主义的未来社会的划分经历过一个理

论阶段。首先是无产阶级夺取政权后向共产主义过渡的阶段，即在《共产党宣言》中提出十条过渡措施，在《1848—1851年的法兰西阶级斗争》中提出过渡阶段，在《哥达纲领批判》中形成完整的过渡时期理论。其次是在《哥达纲领批判》中第一次明确地提出，共产主义社会分为"第一阶段"和"高级阶段"。至此，马克思把取代资本主义的未来社会划分为三个阶段，即过渡时期、共产主义社会的第一阶段和高级阶段。这一预测是建立在对欧洲资本主义社会基本矛盾的分析的基础上的。马克思晚年也曾对经济文化比较落后的国家的革命可能性、必要性及革命道路问题作过探索，但是，他对未来社会具体发展阶段的研究持十分严谨和审慎的态度。

恩格斯认为，共产主义社会是经常变化和改革的社会，强调各国革命后的对具体发展阶段的认识不应从原则出发，而应从事实出发。为避免陷于空想，马克思和恩格斯都没有阐述资本主义以后的发展细节，更没有确定东方国家实现共产主义的具体步骤和发展阶段。

二、列宁的理论与实践探索

列宁坚持马克思和恩格斯的思想，认为从资本主义社会到共产主义社会必须经过三个阶段：过渡时期、共产主义第一阶段和共产主义高级阶段。列宁在领导俄国革命过程中，根据新的历史条件和俄国相对于西方国家落后的现实，明确把共产主义社会的第一阶段确定为社会主义社会，认为社会主义社会将经历若干阶段，曾提出过"初级形式的社会主义"、"发达的社会主义"、"完全的社会主义"等概念。他还设想共产主义社会也有三个发展阶段，即"共产主义的低级阶段"、"中级阶段"、"共产主义的高级阶段"。列宁关于"初级形式的社会主义"的提法，强调的是社会类型而不是社会发展阶段，但其中已含有社会主义初级阶段的思想。对马克思关于共产主义发展阶段的思想作了进一步的理论阐述，列宁把"共产主义社会第一阶段或低级阶段"称为"社会主义社会"，把"共产主义社会高级阶段"称为"共产主义社会"。十月革命后，他对怎样向社会主义过渡的问题作了新的探索，认为虽然落后国家由于特殊历史条件先于先进国家爆发革命，但革命后由于物质准备、民主准备和文化准备均不足,社会主义建设却要困难得多。因而他强调首先要解决过渡时期的实践和理论问题,而把探讨建立发达社会主义的想法斥之为"空想"。列宁根据当时国内外条件的变化,用新经济政策取代了十月革命后曾施行的战时共产主义政策,在实践中,逐步形成了落后国家不应"直接"而应"间接"过渡到社会主义的思想,并提出从资本主义社会向社会主义的"过渡时期"结束以后,只能进入"初级形式的社会主义社会",以后才能进入"发达的社会主义社会"。这些思想反映了马克思主义者对落后国家建设社会主义的长期性有了崭新的认识,符合社会发展的规律。遗憾的是,由于列宁去世过早,没有对这些思想作出系统的理论概括。

三、毛泽东对社会主义发展阶段的初步探索

从1956年中国完成社会主义改造到1978年十一届三中全会,中国曾作过有益的探索。1958年11月毛泽东在郑州会议上谈人民公社运动教训时,首次使用了"社会主义初级阶段"的概念。20世纪60年代初毛泽东提出,在中国建设强大的社会主义经济,50年不行,会要100年,或要更多的时间。毛泽东关

于社会主义发展阶段的思想主要包括三个方面：一是经过新民主主义过渡到社会主义；二是将社会主义分为"进入"和"完成"两种状态，又将"建立"和"建成"作了严格区分；三是在阅读苏联《政治经济学教科书》做笔记时，提出社会主义又可能分为不发达的社会主义和比较发达的社会主义两个阶段。毛泽东关于社会主义发展阶段的划分，其实已经显现出社会主义初级阶段的基本设想，但是，由于他并未对此进行详细的说明和阐述，并未把此思想作为当时的党内指导思想，不得不说这是一个遗憾。1956年，毛泽东区分了社会主义的"建立"与"建成"两个概念，指出："我国的社会主义制度还刚刚建立，还没有完全建成，还不完全巩固"。这是实事求是的。然而，建国初期社会主义建设的成就使毛泽东认为通过人的主观能动性便可以加速社会主义的发展，导致1958年他曾一度认为，"共产主义在我国的实现，已经不是什么遥远将来的事情了"，并发动"大跃进"和人民公社运动，刮起一阵急于向共产主义过渡的"共产风"。这一阶段的波折反复，以及当时的国际时局和严重自然灾害，令新中国的建设走过一段相当坎坷艰难的历史时期。

四、邓小平建设有中国特色社会主义理论的提出与发展

邓小平在总结过去的教训时指出:"不要离开现实和超越阶段采取一些'左'的办法,这样是搞不成社会主义的。"①1979年3月,邓小平强调指出:"过去搞民主革命,要适合中国情况,走毛泽东同志开辟的农村包围城市的道路。现在搞建设,也要适合中国情况,走出一条中国式的现代化道路。"②适合中国情况,就是要认清中国的基本国情,从中国的基本国情出发,思考和探索中国社会主义的现代化道路。1979年9月,党的十一届四中全会通过了叶剑英在庆祝中华人民共和国成立30周年大会上的讲话。这个讲话指出:"社会主义制度还处于幼年时期","我国现在还是发展中的社会主义国家,社会主义制度还不完善,经济和文化还不发达"。同年秋冬,邓小平提出到20世纪末的发展目标是小康社会,相对于原来"本世纪末实现现代化"的提法,这是"改了一个口",强调了在中国实现现代化是一个需要更长时间的历史过程。经

---

① 《邓小平文选》第2卷,人民出版社1994年版,第312页。
② 《邓小平文选》第2卷,人民出版社1994年版,第163页。

过这些思想酝酿，1981年6月十一届六中全会的《中共中央关于建国以来党的若干历史问题的决议》作出了"我们的社会主义制度还是处于初级的阶段"的判断。1982年9月党的十二大报告再次指出："我们的社会主义社会现在还处在初级发展阶段。"这两次会议都只提出了初级阶段或初级发展阶段的概念，而没有展开分析。1986年9月十二届六中全会又提出了"我国还处在社会主义的初级阶段"，并且以此为根据，指出"在相当长的历史时期内，还要在公有制为主体的前提下发展多种经济成分，在共同富裕的目标下鼓励一部人先富起来"。这些探讨为社会主义初级阶段理论奠定了初步的基础。1987年10月党的十三大报告用专门的篇幅系统地全面地论述了中国正处在社会主义初级阶段。社会主义初级阶段理论形成。根据邓小平批准的设计，十三大报告还把中国还处在社会主义初级阶段作为整个报告立论的基础，从这个基本国情出发，来说明中国经济建设、经济体制改革、政治体制改革、党的建设、避免"左"或者右两种倾向的各种任务。十三大召开前夕，邓小平在向外宾介绍时说："我们党的十三大要阐述中国社会主义是处在一个什么阶段，就是处在初级阶段，是初级阶段的社会主义。社会主义本身是共产主义的初级阶段,而我们中国又处在社会主义的初级阶段,就是不发达的阶段。一切都要从这个实际出发,根据这个实际来制订规划。"[1]十三大召开之后,邓小平又向外宾介绍说,十三大的特点之一,是"阐述了中国社会主义初级阶段的理论,在这个理论指导下,坚定地贯彻党的十一届三中全会以来的路线、方针和政策"[2]。

五、十四大以来党对社会主初级阶段理论的丰富与深化

1992年党的十四大报告,对邓小平建设有中国特色社会主义理论的指导意义作了高度的评价,对这个理论的主要内容作了系统的概括,论述了社会主义初级阶段理论是建设有中国特色社会主义理论的重要内容并在这个理论体系中处于基础地位。1997年党的十五大进一步强调中国现在处于并将长期处于社会主义初级阶段,对中国社会主义初级阶段的基本特征、发展进程、主要矛盾和根本任务等作了更加系统的论述。十五大

---

[1]《邓小平文选》第3卷,人民出版社1993年版,第252页。
[2]《邓小平文选》第3卷,人民出版社1993年版,第258页。

报告指出:"十一届三中全会前我们在建设社会主义中出现的失误的根本原因之一,就在于提出的一些任务和政策超越了社会主义初级阶段。近二十年改革开放和现代化建设取得成功的根本原因之一,就是克服了那些超越阶段的错误观念和政策,又抵制了抛弃社会主义基本制度的错误主张。这样做,没有离开社会主义,而是在脚踏实地建设社会主义,使社会主义在中国真正活跃和兴旺起来,广大人民从切身感受中更加拥护社会主义。"[①]针对新的实践任务和新的思想实际,十五大报告指出:"面对改革攻坚和开创新局面的艰巨任务,我们解决种种矛盾,澄清种种疑惑,认识为什么必须实行现在这样的路线和政策而不能实行别样的路线和政策,关键还在于对所处社会主义初级阶段的基本国情要有统一认识和准确把握。"[②]

邓小平在社会主义改革的社会实践中,不断提炼与总结,从理论上第一次科学、全面、详细地回答了社会主义发展

[①] 江泽民:《高举邓小平理论伟大旗帜,把建设有中国特色社会主义事业全面推向21世纪——在中国共产党第十五次全国代表大会上的报告》,人民网2007年8月29日。

[②] 江泽民:《高举邓小平理论伟大旗帜,把建设有中国特色社会主义事业全面推向21世纪——在中国共产党第十五次全国代表大会上的报告》,人民网2007年8月29日。

不同阶段问题,并在改革实践中不断发展,形成了社会主义初级阶段理论。而十一届三中全会以来,解放思想、实事求是思想路线在党内的重新确立,是在总结中国社会主义实践经验教训的基础上不断进行的,社会主义初级阶段理论是中国的最大国情,也是党在现阶段制定方针、政策和路线的科学依据与基础。党的十三大全面系统地阐述了社会主义初级阶段的理论,党的十五大进一步强调中国现在处于并将长期处于社会主义初级阶段,指出了准确地把握这一基本国情的重要性。对国情的认识,是不断深化的过程。自从邓小平提出中国处在社会主义初级阶段这一科学论断以来,党的十三大、十四大、十五大都依据新的实践对这一理论予以充实。党的十五大以来,以江泽民同志为核心的党中央在不断深化对共产党执政规律、社会主义建设规律和人类社会主义发展规律认识的过程中,对社会主义初级阶段理论又作出了两个突出的贡献。这是从当代世界的比较和中国历史的发展中,来看中国社会主义初级阶段的历史使命。这也是一个总的概括,讲述了初级阶段中华民族实现伟大复兴过程的特点。对社会主义初级阶段各方面发展进程作出这样的概括,鲜明地说明了中国社会主义初级阶段,是中国人民经过百年奋斗，艰苦创业，实现伟大腾飞的历史阶段。

第一，深刻地指出"社会主义初级阶段，是整个建设有中国特色社会主义的很长历史过程中的初始阶段"①。党根据中国处在社会主义初级阶段的实际，提出要建设有中国特色社会主义，但是，有中国特色社会主义绝不限于初级阶段的社会主义，它是一个很长的历史过程。邓小平说过："中国只能搞中国的社会主义。"②要坚持走社会主义道路，但是"社会主义必须是切合中国实际的有中国特色的社会主义"③。邓小平的这些论述，是从中国走什么样的社会主义道路上讲的，而不仅仅是从初级阶段的社会主义这一角度讲的。党的十五大报告已经在制定党的基本纲领时提出，要进一步明确什么是社会主义初级阶段有中国特色社会主义的经济、政治和文化，这既区分了"社会主义初级阶段"与"有中国特色社会主义"这两个概念，又指出了二者的联系。江泽民同志在庆祝中国共产党成立80周年大会上的讲话，首次明确指出建设有中国特色社会主义

---

① 江泽民：《在庆祝中国共产党成立80周年大会上的讲话》，人民出版社2001版，第42页。
② 《邓小平文选》第3卷，人民出版社1993版，第265页。
③ 《邓小平文选》第3卷，人民出版社1993版，第63页。

是"很长历史过程",社会主义初级阶段是它的一个"初始阶段"。这就更加明确了一个道理:在社会主义初级阶段,要坚持不懈地建设有中国特色社会主义;初级阶段的历史使命完成后,仍然要建设有中国特色的社会主义。要不断地把建设有中国特色社会主义事业向着未来推进。

第二,深刻地指出社会主义初级阶段也要经历若干个具体的发展阶段。已经明确了社会主义初级阶段要经历一个相当长的发展阶段,但仅仅明确这一点还不够,还要进一步看到社会主义初级阶段是一个动态的发展过程,会呈现出阶段性。2000年6月9日江泽民在全国党校工作会议上发表的重要讲话,明确指出:"在这个长过程中,我们已经历了若干个具体的发展阶段,还要继续经历若干个具体的发展阶段。"[1]他提出这一点,对于从各个具体的发展阶段的实际出发,制定正确的发展战略,有重大的指导意义。正是根据这样的认识,进入21世纪之初,中国社会主义现代化进入了一个新的发展阶段。这个阶段的特点是,全面建设小康社会并继续向现代化迈进。这是社会主义初级阶段中一个十分重要的阶段。

---

[1] 江泽民:《论"三个代表"》,中央文献出版社2001版,第29页。

社会主义初级阶段的理论，是解放思想、实事求是的理论，是面对实际、开拓进取的理论，决不是暂时退却的权宜之计。在社会主义初级阶段任务完成以后，即社会主义现代化基本实现以后，怎样认识和建设较高阶段的社会主义，那要依靠全党和全国人民继续坚持解放思想、实事求是的思想路线，坚持面对实际、开拓进取的精神状态，根据中国社会主义初级阶段100年建设的经验和成就，根据到那时世界范围现代化的发展经验和文明成果，循着现在开辟的建设有中国特色的社会主义道路，去作新的判断和新的探索，不断开拓前进。

第二节　社会主义初级阶段的科学含义

社会主义初级阶段，是特指中国现阶段国情，指中国在生产力落后、商品经济不发达条件下建设社会主义所必然要经历的特定阶段，即从中国进入社会主义（1956年）到基本实现社会主义现代化（2050年左右）的整个历史阶段。社会主义初级阶段是整个建设有中国特色社会主义很长历史过程中的初始阶段。中国将长期处于社会主义初级阶段，这是中国最基本的国情。

1987年8月,党的十三大召开前夕,邓小平明确指出:"党的十三大要阐述中国社会主义是处在一个什么阶段,就是处在初级阶段,是初级阶段的社会主义。社会主义本身是共产主义的初级阶段,而我们中国又处在社会主义的初级阶段,就是不发达的阶段。一切都要从这个实际出发,根据这个实际来制定规划。"这一论述第一次把社会主义初级阶段作为事关全局的基本国情加以把握,根据这一思想,党的十三大报告中第一次系统地阐述了社会主义初级阶段理论,并以此制定了党在社会主义初级阶段的基本路线。社会主义初级阶段理论主要包括:(1)社会主义初级阶段的含义;(2)社会主义初级阶段的主要特征;(3)社会主义初级阶段的主要矛盾;(4)社会主义初级阶段的根本任务;(5)社会主义初级阶段的长期性。1992年党的十四大报告,在系统论述邓小平建设有中国特色社会主义理论的同时,强调指出社会主义初级阶段理论是邓小平建设有中国特色社会主义理论的一个重要内容。1997年党的十五大进一步强调我国现在处于并将长期处于社会主义初级阶段,并对这一阶段的特征和历史进程作了全面的展开和说明，第一次系统地提出了党在社会主义初级阶段的基本纲领。

一、社会主义初级阶段理论的形成与依据

（一）社会主义初级阶段理论的形成过程

党的十三大报告比较全面系统地阐述了社会主义初级阶段的理论，党的十五大报告强调重新认识和正确理解社会主义初级阶段的重要性，并对初级阶段理论作了更全面系统的阐述。

社会主义初级阶段理论有一个逐步形成和发展的过程。这个过程分为四个阶段。

第一阶段：从党的十一届三中全会召开到十一届六中全会前是酝酿准备阶段。在《关于建国以来党的若干历史问题的决议》和党的十二大报告中，已有了中国的社会主义社会还处在社会主义初级发展阶段的论断，但都还没有展开，思想路线的重新确立和对"左"的指导思想的纠正，为党客观地分析中国的基本国情，逐步形成社会主义初级阶段理论作了思想上的准备。

第二阶段：从党的十一届六中全会到十二届六中全会为确立命题阶段。十二届六中全会把社会主义初级阶段作为一个方

面（社会主义道德建设）立论的基础。在此期间，在党的重要文献中，先后三次使用了"初级阶段"的概念，确立了"社会主义初级阶段"的命题。

第三阶段：从党的十二届六中全会到党的十三大，为基本形成阶段。十三大报告把社会主义初级阶段作为整个报告、整个基本路线、各方面任务立论的基础。党根据邓小平的思想，对社会主义初级阶段的基本含义、客观必要性、社会主义初级阶段的起止时间、基本特征、主要矛盾以及党在社会主义初级阶段的基本路线等一系列重大问题作了比较全面、系统的论述，十三大标志着党关于社会主义初级阶段理论的初步形成。

第四阶段：从党的十三大到党的十五大，是不断完善阶段。十五大报告全面论述了中国社会主义初级阶段的基本特征和历史任务，深刻分析了社会主义初级阶段的主要矛盾，以及改革、发展同稳定之间的相互关系，第一次系统提出了党在社会主义初级阶段的基本纲领，详细阐述了党在经济、政治、文化方面所要达到的基本目标和实行的基本政策。

（二）社会主义初级阶段理论形成的历史依据

中国社会主义的发展必须经历一个很长的初级阶段，这是由历史的前提决定的。观察中国社会主义初级阶段，必须同中国的历史联系起来，不能割断历史。正如党的十三大报告中所指出的：中国社会主义脱胎于半殖民地半封建社会，生产力水平远远落后于发达的资本主义国家，这就决定了中国必须经历一个很长的初级阶段，去实现别的国家在资本主义条件下实现的工业化和生产的商品化、社会化和现代化。这是由现实状况决定的。

自1956年中国基本完成生产资料的社会主义改造、进入社会主义初级阶段以来，特别是改革开放三十多年以来，中国社会生产力水平有了很大提高，各项事业取得了很大进步，综合国力增强。但中国人口多、底子薄，生产力不发达的状况还没有根本改变；社会主义市场经济体制还不成熟，国民经济市场化的程度还不高；社会主义民主法制建设还不够健全，社会主义制度还有待进一步完善；封建主义、资本主义腐朽思想和小生产习惯势力在社会上还有广泛影响。这是对国际社会主义建设史上多国出现的"超越阶段"教训的科学总结，是从总结中国社会主义建设的历史经验中得出的科学结论。在中国这样落后的东方大国建设社会主义，是马克思主义发展史上的新课题。如何将马克思主义基本原理同中国实际结合起来，在实践中开辟中国特色的社会主义道路，党作过艰苦的探索，既取得过辉煌的成就，也付出了巨大的代价。社会主义建设实践的历史经验说明，中国社会主义的发展必须经过一个很长的历史过程，必须有一个初级阶段。

（三）社会主义初级阶段形成的理论依据

社会主义初级阶段理论的理论根据来自于马克思主义。马克思、恩格斯、列宁、毛泽东虽然没有明确提出过社会主义初级阶段的概念，但具体分析这个概念所包含的基本理论观点，可看出它是对马克思主义关于未来社会发展阶段思想的深化。

社会主义初级阶段包含两个理论命题：第一，在一定条件下，经济文化较不发达国家可以不经过资本主义的充分发展而进入社会主义；第二，在任何条件下，生产力的发展阶段都是不可逾越的。可以说，这是马克思、恩格斯的一贯主张。社会主义初级阶段是对马克思主义不断革命论和革命发展阶段论的具体运用和创新发展，无论是马克思、恩格斯的关于"共产主义社会的两阶段说"，还是列宁和毛泽东的"社会主义社会多阶段说"，都为党在十一届三中全会以后提出社会主义初级阶段的科学论断提供了重要的理论根据。

二、社会主义初级阶段的含义

社会主义初级阶段，包含两层含义：第一，中国社会已经是社会主义社会，必须坚持而不能离开社会主义；第二，中国的社会主义社会还处在初级阶段，必须从这个实际出发，而不能超越这个阶段。

社会主义初级阶段的两层含义相辅相成，不能割裂。

首先，社会主义初级阶段理论的第一层含义，明确了中国的社会性质，也就是说中国已经进入了社会主义社会，建立了社会主义的基本制度，这是对中国现在的社会制度的基本性质的总概括，意味着马克思主义理论是中国意识形态的指导理论，经济上已经建立起社会主义市场经济体制，政治上中国人民民主专政已经建立，并构建起相应的具体政治机制与体制。

中国已经建立起社会主义的基本制度，必须坚持而不能离开社会主义。这主要指的是：其一，对广大人民实行广泛民主、对极少数敌人实行专政的人民民主专政的国家政权已经确立；其二，中国共产党的执政地位已经确立；其三，马列主义、毛泽东思想和邓小平理论在中国意识形态领域的指导地位已经确立；其四，以国有经济为主导、公有经济为主体、多种经济成分并存的社会主义初级阶段的基本经济制度已经确立。尽管这些基本制度还需要在建设有中国特色社会主义的伟大实践中不断加以完善、巩固和发展，但中国经过社会主义改造已经走上社会主义道路，中国社会的性质已经是社会主义社会而不是其他别的什么社会。以上四点概括起来，就是四项基本原则，就是中国的立国之本，这已是全党和全国人民的共识，看不到这一点，忽略甚至否认这一点，就会迷失、放弃或从根本上否认社会主义的方向。那种认为社会主义初级阶段是向新民主主义社会的复归，是补资本主义的课，是资本主义之前的社会发展阶段的观点，否定了历史的真实，背离了社会主义初级阶段理论的第一层含义。

其次，在另一个层面上，中国社会主义还是初级的、不发达的水平，这是中国在发展社会主义时所经历的特殊历史阶段，不是泛指任何国家进入社会主义所都要经历的特殊历史阶段，说明中国的社会主义社会成熟程度还很低。

这种特殊性主要表现在以下方面：

第一，社会主义初级阶段虽包含"社会主义"和"初级阶段"两层含义，但"社会主义"是受"初级阶段"限制和约束的。由于受经济文化落后、生产力不发达的限制，这个阶段的"社会主义"只能是不成熟的、不完善的社会主义。初级阶段的主要任务就是要创造出高度发达的生产力。因此，在社会主义初级阶段的各项建设中，"社会主义"应该服从初级阶段，其他各项工作应服从于经济建设。

第二，中国的社会主义制度是建立在不发达的生产力和商品经济的基础之上的。这种现实条件决定了社会主义发展必须要遵循客观的经济政治与社会发展规律，必须坚持而不能超越这个阶段。

第三，社会主义初级阶段的含义也体现在初级性质上，深刻体现了中国现阶段社会主义的发展水平和状况。中国虽然经历了社会主义改造，建立了政治、经济和文化等社会主义制度，但现阶段中国的生产力水平依然处在比较低的发展阶段，与此相对应的生产关系和社会主义经济、政治、文化体制也不完善，无论是生产力水平，还是生产关系都需要一个很长的发展时期与阶段去完善去建立，因此初级阶段的根本性质就体现在中国现阶段社会主义的发展水平。不管从生产力的不发达还是从基本制度的不完善来看，中国现阶段的社会主义都是"事实上不够格"的社会主义，都还处于社会主义的"初级阶段"，这是全面认识中国基本国情时必须掌握的第二层次的含义。

三、社会主义初级阶段理论的地位与实践意义

党的十三大报告指出，社会主义初级阶段是客观存在的，不能违背它、超越它，而应当承认它、研究它，进一步探索社会主义社会的发展规律，以便更好地把建设有中国特色的社会主义事业推向前进。初级阶段理论的提出和不断丰富发展，不论是在中国的改革开放和现代化建设的实践中，还是在马克思主义发展史上，都具有重大的理论意义和现实意义。

第一，社会主义初级阶段理论在邓小平理论中占有重要的地位。社会主义初级阶段理论是邓小平理论的实际根据。解放思想、实事求是的思想路线，社会主义本质论，社会主义市场经济理论和社会主义初级阶段论分别是邓小平理论在哲学认识论方面、科学社会主义方面、政治经济学方面及

中国国情判断方面的基础。而邓小平理论在哲学、政治经济学、科学社会主义方面的特色和创造，都结合到、落实到中国国情判断这个基础上来，或者说都是从中国国情的实际出发的。

第二，社会主义初级阶段理论具有重大的现实意义和实践意义。社会主义初级阶段理论是对当前中国国情最基本的概括，是建设有中国特色社会主义的根本出发点。建设有中国特色社会主义的根本原则是"把马克思主义的普遍原理同中国的具体实际结合起来，走自己的路"，而中国的具体实际是一个含义很广的概念，包括中国的经济、政治、文化、人口、历史、地理、资源、民族等，在这众多的具体实际中，有一个同它们联系很紧密的实际，即中国当前的社会性质，也就是中国社会主义社会所处的发展阶段。社会主义初级阶段理论是党制定路线、方针、政策的基本依据。历史经验表明，什么时候从国情出发，制定的路线、方针、政策就是正确的，就能得到群众拥护，生产力就会较快发展，各项事业就会顺利推进；反之，各项事业就会遭受挫折。社会主义初级阶段理论为进一步统一思想，为反对"左"和右的错误倾向提供有力的思想武器。社会主义初级阶段理论包含"社会主义"和"初级阶段"两层含义，这两层含义确定了中国社会主义现阶段发展的历史方向和位置以及本质特征。在近代中国的历史条件下，不承认中国可以不经过资本主义充分发展阶段而走上社会主义道路，是右倾错误的重要认识根源；以为不经过生产力的巨大发展就可以越过社会主义初级阶段，是"左"倾错误的重要认识根源。不论是落后于时代变化的右的倾向，还是超越时代发展的"左"的倾向，都脱离了中国社会的基本国情。历史经验说明：只有坚持一切从中国社会的客观实际出发，正确认识中国社会所处的历史阶段，才能从根本上排除来自"左"和右的种种干扰。社会主义初级阶段理论，是认清社会主义事业长期性和艰巨性的指南。解决当前改革和发展中的种种矛盾，要立足于社会主义初级阶段的实际。要充分认识社会主义初级阶段是一个相当长历史阶段。

第三节　社会主义初级的主要特征

中国社会主义初级阶段至少需要上百年的发展进程，对它所具有的基本特征，不能作静止的描述，必须从变化中从过程中作动态的概括。

一、社会主义初级阶段的不完善方面

社会主义初级阶段已基本上具备了社会主义社会的一般特征，但初级阶段是尚不发达、不成熟、不完善的社会主义。社会主义的不完善是指相对于高级阶段的不完善，相对于生产力发展要求的不完善，这种不完善主要表现在现代化水平、产业结构、经济运行、文化水平、人民富裕、地区经济差异、经济与政治体制完善状况、精神文明建设基本情况，以及中国同其他国家比较等方面。党的十三大报告对此概括为："①我国社会主义初级阶段，是逐步摆脱贫穷、摆脱落后的阶段；②是由农业人口占多数的手工劳动为基础的农业国，逐步变为非农产业人口占多数的现代化的工业国的阶段；③是由自然经济半自然经济占很大比重，变为商品经济高度发达的阶段；④是通过改革和探索，建立和发展充满活力的社会主义经济、政治、文化体制的阶段；是全民奋起，艰苦创业，实现中华民族伟大复兴的阶段。"

二、社会主义初级阶段的基本特征

社会主义初级阶段的基本特征,用一句话来概括,就是不发达的社会主义。社会主义初级阶段是一个改变这种不发达的过程。江泽民在《高举邓小平理论伟大旗帜,把建设有中国特色社会主义事业全面推向21世纪——在中国共产党第十五次全国代表大会上的报告》中概括了这个过程的特征:"这个阶段,是逐步摆脱不发达状况,基本实现社会主义现代化的历史阶段。这个阶段,是由农业人口占很大比重、主要依靠手工劳动的农业国,逐步转变为非农业人口占多数,包含现代农业和现代服务业的工业化国家的历史阶段。这里说的是工业化过程,不仅突出了就业人口比重和产值构成比重的变化,而且突出了产业结构的优化升级,是将传统工业化和新技术革命结合起来的双重历史任务的工业化过程。这讲述了初级阶段实现工业化和现代化过程的特点。这个阶段,是由自然经济半自然经济占很大比重,逐步转变为经济市场化程度较高的历史阶段。这讲述了初级阶段经济方式变化的特点。这个阶段,是由文盲半文盲占很大比重、科技教育文化落后,逐步转变为科技教育文化比较发达的历史阶段。这讲述了初级阶段社会主义文化建设的特点。这个阶段，是由贫困人口占很大比重、人民生活水平比较低，逐步转变为全体人民比较富裕的历史阶段。这讲述了初级阶段人民生活状况的特点。这个阶段，是由地区经济文化很不平衡，通过有先有后的发展，逐步缩小差距的历史阶段。这讲述了初级阶段地区协调发展的特点。这个阶段，是通过改革和探索，建立和完善充满活力的社会主义市场经济体制、社会主义民主政治体制和其他方面体制的历史阶段。这讲述了初级阶段社会主义制度在改革中自我完善过程的特点。这个阶段，是广大人民牢固树立建设有中国特色社会主义共同理想，自强不息，锐意进取，艰苦奋斗，勤俭建国，在建设物质文明的同时努力建设精神文明的历史阶段。这讲述了初级阶段人们的精神状态和两个文明协调发展过程的特点。这个阶段，是逐步缩小同世界先进水平的差距，在社会主义基础上实现中华民族伟大复兴的历史过程。"

第二章 社会主义初级阶段的长期性

第一节 社会主义初级阶段长期性的正确理解

一、社会主义初级阶段长期性的含义

以1956年生产资料私有制的社会主义改造基本完成为标志，中国就进入了社会主义初级阶段，社会主义初级阶段至少需要经历上百年的时间。

二、社会主义初级阶段长期性的原因分析

（一）历史前提

中国社会主义制度是建立在半殖民地半封建社会基础之上的，这就决定了中国的社会主义必然要经历一个很长的历史阶段，去实现别的国家在资本主义条件下已经实现的工业化和生产的市场化、社会化、现代化，使中国的生产力和市场经济得到比较充分的发展，使中国的社会主义制度日趋成熟和日臻完善。中国生产力不发达，这种状况首先是由旧中国的贫穷落后状况决定的。建国前夕，中国现代化工业经济只占整个国民经济的很少一部分，基本是靠手工劳动，这是和古代没有多大区别的。因此中国在进入社会主义的时候，生产力水平远远落后于发达资本主义国家。经过四十多年特别是近二十年的发展，中国的生产力有了很大的提高，2012年，中国国内生产总值总量排在世界第二位，一些重要产品的总产量，如粮食、棉花、煤炭、石油、钢铁、电力等都居世界前列。但是由于中国人口多，人均指标都大大低于世界平均水平。依据2012年国际货币基金组织的排名，中国人均国民生产总值在世界183个国家和地区中仅排在第八十六位。因此，总的来说，人口多，底子薄，地区发展不平衡，生产力不发达的状况没有根本改变，社会主义制度还不完善，社会主义市场经济体制还不成熟，社会主义民主法制还不够健全，封建主义、资本主义腐朽思想和小生产习惯势力在社会上还有广泛的影响。中国社会主义仍然处在初级阶段。

（二）现实国情

党的十四大报告对社会主义初级阶段理论作出丰富而全面的论述，而党的十四大报告正是邓小平"南方谈话"的深刻总结与论述，田炳信以资深新闻记者的身份亲历了邓小平"南方谈话"的历史，为了追求历史真实，他在写作《邓小平的最后一次南巡》一书的过程中，对亲历过这段历史的人作了大量深入的访谈，以此对这次影响深远的事件作全景式的展示和最权威的历史记录。依据田炳信的调查研究与实地访谈，可以深刻感受到经历建国四十多年的建设，特别是党的十一届三中全会以来，确立了社会主义初级阶段理论，深刻认识与科学把握基本国情，经过改革开放，大力发展社会生产力，特别在改革开放的80年代至90年代，中国社会面貌发生了深刻变化，经济实力有了巨大增长，综合国力明显增强，人民生活水平显著提高。书中提供了非常可信的数据："1984年中央决定扩大厦门特区的范围，并在沿海一线，北自辽宁的大连，南到广西的北海，选择若干城市采取某些特殊政策作为开放城市。1984年3月26日至4月6日，中央书记处和国务院在北京召开部分省市领导人座谈会，决定开放由北至南的大连、秦皇岛、天津、烟台、青岛、连云港、南通、上海、宁波、温州、福州、广州、湛江、北海14个沿海港口城市。在政策上扩大这些城市在对外经济活动方面的自主权及对来这些城市投资的外国人士、华侨、港澳台同胞及其公司、企业予以优惠待遇。《人民日报》1984年宣布：今年，是中国近几年经济形势最好的一年，将作为经济建设取得重大进展的一年而载入史册。第一个重大进展——全国农业总产值突破10 000亿元大关，比上一年大约增长11%。不要小看这一点。就是这个增长11%，使1981年至1984年间工农业总产值的年递增率达到9%。今后不用再加快，就照9%的速度发展，那么，到2000年，全国工农业总产值可达到第二个重大进展——全国粮食总产突破8 000亿斤大关。全国平均每人有粮800斤，第一次赶上世界平均水平，它意味着10亿中国人民追逐吃饱的年代已经结束，跨入了讲究吃好的新阶段。从此可以动员和组织充裕的劳动力，全面开发国土资源，使中国农村经济朝着农林牧副渔全面发展、农工商综合经营的方向大踏步前进。第三个重大进展——能源有大幅度增长，煤、电、油的产量都创历史新纪录。其中，原煤产量预计完成7.7亿吨,由上一年占世界第三位跃居第二位。原油总产量可达1.14亿吨,突破了连续6年一直在1亿零几百万吨的水平上徘徊不前的局面。9 000亿元到40 000亿元,比十二大"翻两番"要求的28 000亿元多出11 000多亿元。第四个重大进展——曾经比较困难的财政状况明显好转,全国财政收入从1979年至1982年的4年间只增加了3亿元;1983年好转,增加了80多亿元;1984年更进一步,增加了190亿元,是新中国成立以来第二个财政收入增加最多的年份。"而在1991年,国家工商管理机关经过一年的调查得出的结果,"推算中国大陆有5万至6万家具有百万以上资产的私营企业,并向外界公布。中国工商行政管理部门遂开始了摸底调查。据参与调查的工商行政管理人员介绍,根据个体工商业主的表面情况,着重对9万户可能拥有巨额资产的个体工商业主进行明查暗访。经过反复查对,只有398户私营企业的注册资本逾百万元人民币;此外,还查明约有90户资产名义是集体企业,实际是私人所有。其时,大陆共有1329万个个体工商户,其中从事与民众生活密切相关的商业、服务业、饮食业和修理业者约占77%"。然后是"小康"城市排座次,其时,"中国已有36个城市按人均国民生产总值计算达到了小康水平，广东省有6个城市榜上有名。达到小康水平的36个城市，共有8281万人，人均国民生产总值突破了800美元。中国经济从1978年到1992年运行14年也形成了七大经济区域带。这七大区域带是：上海浦东为龙头的长江沿岸地区；珠江三角洲地区；环渤海地区，包括北京、天津、河北、山东、辽宁；西南和华南部分省区；西北地区；中原地区以及东北地区。这些城市依次排列是深圳、珠海、海口、厦门、上海、广州、北京、乌鲁木齐、沈阳、天津、大连、太原、佛山、东莞、沙市、无锡、中山、苏州、淄博、大庆、克拉玛依、东营、盘锦、玉溪、十堰、宜昌、郴州、大同、鞍山、金昌、嘉峪关、遵义、德州、霍林格勒、奎屯、畹町"。

（三）世界经济发展趋势

必须承认，中国的社会主义的物质基础还没有完全建立起来，社会主义生产关系和上层建筑不完善的状况并未根本改变。中国还没有完全摆脱贫穷落后的生产力发展的初级状态，这种现实状况决定了中国社会主义社会发展必然要经历一个相当长的初级阶段来改变落后状况，然后才能进入较高级的发展阶段。中国目前已经达到的经济技术水平和综合国力，同当今世界范围内发达国家相比，还存在着很大差距。这就决定了中国社会主义的发展从不发达进入发达状态，必须经历一个相当长的初级阶段。现代化是随着生产力的迅速发展、经济和社会现代化水平的提高而不断提高的。要实现的现代化已经不是18世纪英国产业革命，19世纪日本明治维新时代的现代化，也远远高于20世纪30年代苏联提出的工业化的标准。同时，中等发达国家的标准也会不断提高，它们也在日新月异地发生变化。要实现现代化，当代的中国人肩负着更为艰巨、复杂的任务，一方面要继续完成工业化的历史任务；另一方面又面临着新的科技革命的挑战，面临着综合国力竞争中所处不利地位的压力。所有这些，都决定了中国必须经过很长的初级阶段才能进入生产力比较发达、社会主义制度比较成熟的阶段。

第二节　社会主义初级阶段长期性的正确认识

中国社会主义社会脱胎于半殖民地半封建社会，要改变生产力发展水平的落后状况，完善社会主义生产关系和上层建筑，实现现代化，是一个长期的历史任务。从中国20世纪50年代中期对生产资料私有制的社会主义改造基本完成，到社会主义现代化基本实现，都属于社会主义初级阶段。这样的历史进程，至少需要100年时间。

邓小平指出："巩固和发展社会主义制度，还需要一个很长的历史阶段，需要我们几代人、十几代人，甚至几十代人坚持不懈的努力奋斗，决不能掉以轻心。"党的十五大报告中再次强调中国处于社会主义初级阶段这个问题，面对改革攻坚和开创新局面的艰巨任务，解决种种矛盾，澄清种种疑惑，认识为什么必须实行现在这样的路线和政策而不能实行别样的路线和政策，关键还在于对所处社会主义初级阶段的基本国情要有统一认识和准确把握。党的十五大在邓小平理论指引下，坚持党的基本路线，在总结经验的基础上，确定了社会主义初级阶段的基本纲领，对建设有中国特色社会主义的经济、政治、文化作出了一系列重大决策。但必须肯定，中国特色社会主义制度的成功，引起国际社会的高度关注，特别是引起广大发展中国家的重视。随着社会主义市场经济体制的基本确立，中国加入世贸组织的过渡期开始，经济体制改革向行政管理体制改革以及政治体制改革领域转变，中国特色社会主义制度建设进入全新的阶段。在这个阶段的起点上，一方面需要认真总结三十多年改革开放的丰富经验，探索其中的深层次规律；另一方面，需要形成新的理论思维，把改革开放的许多有效方法制度化、法制化，成为社会主义初级阶段基本制度的本质内容。中国有特色社会主义制度建设包含了经济全球化的深刻内容，从这个意义上来认识问题，中国特色社会主义制度建设也就成为深刻理解社会主义初级阶段理论长期性的关键因素。经过长期的社会主义建设，特别是改革开放以来三十多年的发展，中国社会生产力有了很大提高，各项事业有了很大进步，综合国力大大增强，人民生活明显改善。然而，总的说来，中国人口多、底子薄，地区发展不平衡，生产力不发达的状况并未根本改变；社会主义制度还不完善，社会主义市场经济体制还不成熟，社会主义民主法制还不够健全，封建主义、资本主义腐朽思想和小生产习惯势力在社会上还有广泛影响，中国依然处于社会主义初级阶段，只有深刻理解并科学分析中国的基本国情，即使在进入小康社会后相当长时间内，继续完成社会主义初级阶段的历史任务，巩固和发展社会主义制度，还需要更长的时间，需要几代人、十几代人，甚至几十代人坚持不懈的努力奋斗。要改变这一现状，还需要很长一段时间，中国将长期处于社会主义初级阶段，需要认清这个当代中国的重大实际。

第三章　社会主义初级阶段的基本路线和基本纲领

第一节　社会主义初级阶段社会的主要矛盾

党的十三大报告指出："我国正处在社会主义初级阶段。"并把社会主义初级阶段的主要矛盾表述为：现阶段所面临的主要矛盾，是人民群众日益增长的物质文化需要同落后的社会生产之间的矛盾。党的十三大报告同时指出，社会主义初级阶段的主要矛盾、基本矛盾应补充完善为人民日益增长的物质文化政治需要同落后的生产力之间的矛盾。这表明，阶级斗争在一定范围内还会长期存在，但已经不是主要矛盾。以经济建设为中心，发展社会主义物质文明、精神文明的同时要加强社会主义政治文明的建设。

一、认识社会主义初级阶段的主要矛盾的曲折过程

揭示社会主义初级阶段的主要矛盾,反映基本矛盾运动规律的要求,是制定社会主义初级阶段基本路线的客观依据。社会主义初级阶段的主要矛盾是人民日益增长的物质文化需要同落后的社会生产力之间的矛盾。

1956年党的八大指出,私有制社会主义改造基本完成后,中国国内的主要矛盾是"人民对于建立先进的工业国的要求同落后的农业国的现实之间的矛盾",是"人民对于经济文化迅速发展的需要同当前经济文化不能满足人民需要的状况之间的矛盾",并且指出,"这一矛盾的实质,在我国社会主义制度已经建立的情况下,就是先进的社会主义制度同落后的社会生产力之间的矛盾"。这个表述虽然在文字上有不够准确的地方,但所要表达的基本精神是正确的。

1957年后至党的十一届三中全会前,这一段历史时期,由于在指导思想上出现"左"的错误,把无产阶级和资产阶级的矛盾作为中国社会的主要矛盾,结果导致中心任务移位,动摇

了经济建设这个中心，阻碍了社会生产力发展。不得不说，这是一个遗憾。

1978年党的十一届三中全会果断地纠正了"以阶级斗争为纲"的错误方针，决定把党和国家的工作重点转移到社会主义现代化建设上来，进而对中国社会主要矛盾作了新的概括。

1981年党的十一届六中全会通过的《决议》指明："在社会主义改造基本完成以后，中国所要解决的主要矛盾，是人民群众日益增长的物质文化需要同落后的社会生产力之间的矛盾。"在这个主要矛盾中，落后的生产力将长期是矛盾的主要方面。

在中国现阶段，社会的主要矛盾是人民日益增长的物质文化需要同落后的社会生产力之间的矛盾。由于国内和国际因素的影响，阶级斗争还在一定范围内长期存在，在某种条件下还有可能激化，但已经不是主要矛盾。

二、正确理解社会主义初级阶段的主要矛盾与阶级矛盾的关系

虽然中国已经进入了社会主义社会，剥削制度也早已不

存在了，但仍然存在阶级矛盾。任何社会制度都会存在阶级斗争，社会主义社会也不例外，而阶级斗争的动力源泉在于阶级矛盾的存在，也就是说社会主义初级阶段也存在阶级矛盾，特别是中国开始实行市场经济以来。不过阶级矛盾已不再是当今社会的主要矛盾，当今的主要矛盾是人民日益增长的物质文化需要同落后的社会生产力之间的矛盾。

（一）社会主义初级阶段的主要矛盾和阶级矛盾的关系

社会主义初级阶段的主要矛盾和阶级矛盾，两者之间有一定的关系。

阶级矛盾归根到底是由于经济利益的不同或对立而引起的。在阶级社会中，各个社会的基本阶级之间的矛盾，成为这个社会的主要矛盾。一般而论，任何社会都存在生产和需求之间的矛盾，但由于生产目的不同，资本主义社会中生产和需求之间的矛盾和社会主义社会中生产和需求之间的矛盾具有不同的性质。资本主义的生产目的是为了满足资本家对利润的追求，而社会主义的生产目的则是为了满足人民的需要。在社会主义社会，剥削制度和剥削阶级被消灭了，但由于国内和国际的种种因素，阶级矛盾还将在一定范围内长期存在。而社会主义初级阶段之所以会存在阶级矛盾，根本的原因来自于社会主义初级阶段的主要矛盾。正确认识中国社会现在所处的历史阶段，是建设有中国特色社会主义的首要问题，是制定和执行正确的路线和政策的基本依据。社会主义初级阶段，不是泛指任何国家进入社会主义都会经历的起始阶段，而是特指中国在生产力落后、商品经济不发达条件下建设社会主义必然要经历的特定阶段。只有社会主义生产方式确立之后，才能始终根据人民的需要来调节生产。中国社会主义初级阶段生产力比较落后的实际情况，决定了这"调节"实质上是要不断解决人民日益增长的物质文化需要同落后的社会生产力之间的矛盾。

（二）正确认识社会主义初级阶段的阶级矛盾

阶级矛盾的根本原因在于经济利益的不同或对立，而在社会主义初级阶段的主要矛盾决定了社会主义阶级矛盾的存在，因此可以说，社会主义社会，特别是我国开始实行市场经济以来，社会主义初级阶段的阶级矛盾已不存在斗争性。

1979年3月，邓小平在《坚持四项基本原则》的讲话中指出，社会主义社会中的阶级斗争是一个客观存在，不应该缩小，也不应该夸大。实践证明：一方面，必须坚持用阶级斗争的观点来处理带有阶级斗争性质的社会矛盾。另一方面，又要十分警惕阶级斗争扩大化的错误。处理这种一定范围内的阶级斗争，必须服从经济建设这个根本。要按照法制化的要求，运用法律手段加以解决。

在社会主义社会，阶级矛盾已经不是社会的主要矛盾，但是控制阶级矛盾是不应该被忽视的。现在人民的生活水平在改革开放之后有了很大的改善和提高，特别是在加入世界贸易组织之后，中国的进出口额大幅增加，对于各行各业来说无疑是一个很好的向世界展示自己以及迈向世界平台的机会。但是在另一方面，人们的生活水平也因此更加拉开了距离，当今社会存在的房价、医改、就业、社保、教改等问题，已经成为民生问题中的首要热议问题。这些情况的出现不管是直接原因还是间接原因，归根到底都是由于生产力水平不高，经济发展不平衡造成的，是社会主义初级阶段主要矛盾的具体体现。由此可见，想解决阶级矛盾，最根本的还是要处理好主要矛盾，而要解决主要矛盾，首先要发展好本国的生产力。因此，必须坚持以经济建设为中心，坚持发展就是硬道理，大力发展生产力，集中精力加强经济实力。

党的十一届三中全会以后，中国进入了改革开放的新时代。以邓小平为核心的党中央领导集体在深刻总结建国以来的实践经验的基础上，明确地指出中国社会主义初级阶段的主要矛盾是人民日益增长的物质文化需要同落后的社会生产力之间的矛盾。这个主要矛盾贯穿中国社会主义初级阶段的整个过程和社会生活的各个方面。中国社会主义的初级阶段距离共产主义还有一段路程，但是达到的前提是，在社会主义的阶段解决所存在的不足。在社会主义建设的过程之中，应该立足基本国情，面对主要矛盾，必须坚持党在社会主义初级阶段的基本路线100年不动摇，坚持改革和创新，使中国特色社会主义永葆蓬勃生机。

第二节 社会主义初级阶段的基本路线

一、社会主义初级阶段基本路线的内涵

社会主义初级阶段是逐步摆脱不发达状态，基本实现社会主义现代化的历史阶段；逐步缩小同世界先进水平的差距，实

现中华民族伟大复兴的历史阶段。

1987年党的十三大报告对党在社会主义初级阶段基本路线的内涵作出初步概括，党的十七大作了相应的补充，党的十八大于2012年11月14日通过了《中国共产党章程》新的规定。党在社会主义初级阶段基本路线的内涵为：领导和团结全国各族人民，以经济建设为中心，坚持四项基本原则，坚持改革开放，自力更生，艰苦创业，为把中国建设成为富强、民主、文明、和谐的社会主义现代化国家而奋斗。

二、社会主义初级阶段基本路线的核心内容

"一个中心"，即以经济建设为中心；"两个基本点"，即坚持四项基本原则，坚持改革开放。"一个中心，两个基本点"是基本路线的核心内容。

（一）以经济建设为中心

这是由于我国社会主义初级阶段的主要矛盾——人民群众日益增长的物质文化需要同落后的社会生产力之间的矛盾决定的。以经济建设为中心是兴国之要，"社会主义事业中，必须坚持以经济建设为中心，其他各项工作都服从和服务于这个中

心。要抓紧时机,加快发展,实施科教兴国战略、人才强国战略和可持续发展战略,充分发挥科学技术作为第一生产力的作用,依靠科技进步,提高劳动者素质,促进国民经济又好又快发展"。

(二)四项基本原则

坚持社会主义道路;坚持人民民主专政;坚持共产党的领导;坚持马列主义、毛泽东思想。"四项基本原则"作为一个完整的概念,是邓小平在1979年提出来的,之后成为全党和全国人民团结奋斗的政治基础和根本准则。

(三)改革开放

实行改革开放,是社会主义中国的强国之路,是决定当代中国命运的历史性决策,是新时期中国革命最鲜明的特征。实行改革开放是决定当代中国命运的历史决策,极大地促进了中国生产力发展、综合国力的增强、人民生活水平的提高。

改革的性质既是一场革命,又是社会主义制度的自我完善和自我发展;是一场根本改变中国经济和技术落后面貌,进一步巩固无产阶级专政的伟大革命。

在坚持社会主义基本制度的前提下,自觉地调整和改革生产关系同生产力、上层建筑同经济基础之间不相适应的方面和环节；改革是社会主义发展的直接动力；改革的目的是解放生产力，促进生产力的发展和各项事业的全面进步，更好地实现人民群众的利益。

（四）"一个中心，两个基本点"的关系

党的"一个中心、两个基本点"的基本路线是一个紧密结合的完整统一体。其中，经济建设是核心，是主体，改革开放为经济建设提供动力，四项基本原则为经济建设和改革开放提供可靠的政治保证。在整个社会主义初级阶段，必须坚持党的基本路线不动摇。坚持以经济建设为中心不动摇，是坚持党的基本路线不动摇的关键。如果动摇了经济建设这个中心，两个基本点就失去了依托，也就动摇了整个基本路线；坚持党的基本路线不动摇，必须把改革开放和四项基本原则统一起来，必须坚持两个基本点；坚持基本路线不动摇，必须正确处理改革、发展和稳定的关系。经济建设是一切工作的中心，改革是推动发展的动力，发展和改革是稳定的基础，而稳定是发展和改革不可缺少的条件。中国问题，压倒一切的是稳定。必须把改革的力度、发展的速度和社会可以承受的程度统一起来，在社会政治稳定中推进改革、发展，在改革、发展中实现和巩固政治稳定。只有这样，才能全面地贯彻执行党的基本路线。

第三节　社会主义初级阶段的基本纲领

党在每一个阶段的基本纲领又可称为最低纲领。一个政党的纲领就是一面旗帜，党既有每个阶段的基本纲领即最低纲领，也有确定长远奋斗目标的最高纲领。忘记远大理想而只顾眼前，就会失去前进方向；离开现实工作而空谈理想，就会脱离实际。最高纲领和最低纲领体现了持续发展和阶段发展的统一，体现了革命精神与科学态度的统一。

1997年9月12日，江泽民在中国共产党第十五次全国代表大会上的报告中提出了社会主义初级阶段的基本纲领。这个基本纲领概括了建设有中国特色社会主义的经济、政治、文化的基本目标和基本政策。党在社会主义初级阶段的基本纲领在江泽民的《高举邓小平理论伟大旗帜，把建设有中国特色社会主义事业全面推向21世纪——在中国共产党第十五次全国代表大会上的报告》中展现得淋漓尽致。

基本纲领包括经济纲领、政治纲领、文化纲领。三者有机统一,不可分割。

经济纲领:在社会主义条件下发展市场经济,不断解放和发展生产力。坚持基本经济制度和多种分配方式。

政治纲领:在中国共产党领导下,在人民当家做主的基础上,依法治国,发展社会主义民主政治。

文化纲领:以马克思主义为指导,以培育"四有"的公民为目标,发展面向现代化、面向世界、面向未来的,民族的科学的大众的社会主义文化。

一、建设有中国特色社会主义的经济

建设有中国特色社会主义的经济,就是在社会主义条件下发展市场经济,不断解放和发展生产力。这就要坚持和完善社会主义公有制为主体、多种所有制经济共同发展的基本经济制度;坚持和完善社会主义市场经济体制,使市场在国家宏观调控下对资源配置起基础性作用;坚持和完善按劳分配为主体的多种分配方式,逐步走向共同富裕;坚持和完善对外开放,积极参与国际经济合作和竞争。保证国民经济持续快速健康发展，人民共享经济繁荣成果。

三十多年经济建设，经济增长成果显示，中国已成为世界第三大经济体。中国现在持有两万多亿美元的外汇储备，并已成为第一大贸易国和外国直接投资目的地。很多发展专家和理论家都在谈论着"中国发展模式"。诺贝尔经济学获得者斯蒂格利茨认为世界上还没有出现过这么大规模的和持久的经济增长，把中国经济的特点概括为两个特点：一个是如此大规模，中国过去三十多年经济的高速持续增长是在960万平方公里，涉及十多亿人口的国家实行；第二是持久，中国经济的持续高速增长已经经过34年，至少在十二五规划的五年中，中国还会继续保持国民经济持续高速增长的良好局面。

二、建设有中国特色社会主义的政治

建设有中国特色社会主义的政治，就是在中国共产党领导下，在人民当家做主的基础上，依法治国，发展社会主义民主政治。这就要坚持和完善工人阶级领导的、以工农联盟为基础的人民民主专政；坚持和完善人民代表大会制度和共产党领导的多党合作、政治协商制度以及民族区域自治制度；发展民主，健全法制，建设社会主义法治国家。实现社会安定，政府廉洁高效，全国各族人民团结和睦、生动活泼的政治局面。

中国共产党从诞生之日起，就以实现人民民主为己任。革命战争时期，中国共产党就在解放区通过"投豆选举"、"举拳选举"、"三三制"等方式，实行了广泛的民主选举。新中国成立后，也积极推进民主选举的进程。坚持科学立法、民主立法，建立和完善中国特色社会主义法律体系；推进依法行政，强化社会管理和公共服务。进一步创新政府管理体制；深化司法体制和工作机制改革，维护社会公平正义，维护社会主义法治的统一、尊严和权威，在中国特色社会主义政治文明发展道路上，社会主义民主与法治的前进步伐从未停歇。

改革开放以来，中国共产党完善党的领导体制，发展党内民主，废除领导干部职务终身制，建立国家公务员制度和任命制、选举制、竞聘制并存的干部选拔体制，并以党内民主带动人民民主，实行基层群众自治，推动城乡同权的选举制度改革，扩大公民有序政治参与，加强对权力运行的监督和制约，建立完善预防和惩治腐败体系一系列举措，推动政治文明建设不断向前发展。党的十七大报告高度概括了坚持中国特色社会主义政治发展道路的基本点，强调要坚持党的领导、人民当家做主、依法治国有机统一。党内民主是党的生命，人民民主是社会主义的生命。中国国际共产主义运动史学会副会长黄宗良认为，要建立"党群"良性互动，就必须切实加强党内民主建设，从而加强和改善党的领导；支持人民当家做主、发展人民民主正是党领导社会主义建设的政治任务。

三、建设有中国特色社会主义的文化

建设有中国特色社会主义的文化，就是以马克思主义为指导，以培育有理想、有道德、有文化、有纪律的公民为目标，发展面向现代化、面向世界、面向未来的，民族的科学的大众的社会主义文化。

建设有中国特色社会主义文化，就要坚持用正确的理论武装全党，教育人民；努力提高全民族的思想道德素质和教育科学文化水平；坚持为人民服务、为社会主义服务的方向和百花齐放、百家争鸣的方针，重在建设，繁荣学术和文艺。

建设有中国特色社会主义文化，就要建设立足中国现实、继承历史文化优秀传统、吸取外国文化有益成果的社会主义精神文明。进一步讲,加强精神文明建设:第一,要搞好教育科学文化建设。教育科学文化建设是精神文明建设不可缺少的基本方面,它既是物质文明建设的重要条件,也是提高人民群众思想道德水平的重要条件。第二,要搞好思想道德建设。思想道德建设是精神文明建设的灵魂,决定着精神文明建设的性质和方向,对社会的政治经济发展有巨大的能动作用。思想道德建设解决的是精神文明建设的根本问题。

四、构建社会主义和谐社会

构建社会主义和谐社会,就是要按照民主法治、公平正义、诚信友爱、充满活力、安定有序、人与自然和谐相处的总要求和共同建设、共同享有的原则,以改善民生为重点,解决好人民最关心、最直接、最现实的利益问题,努力形成全体人民各尽其能、各得其所而又和谐相处的局面。

中国改革开放三十多年来的经验以及世界各国正反两方面的经验和教训都表明,减少低收入群体,扩大中等收入群体,在鼓励人们通过合法合理的方式富裕起来的同时,利用财政、税收、保障、福利和救助等工具进行社会整合和社会调节,正确处理各种社会矛盾,这是加强社会团结和实现社会稳定的重要保证。

减少低收入和贫困群体,理顺收入分配秩序,严厉打击腐败和非法致富,加大政府转移支付的力度,把扩大就业作为发展的重要目标,努力改善社会关系和劳动关系,正确处理新形势下的各种社会矛盾,为建立一个幸福、公正、和谐、节约和充满活力的全面小康社会而奋斗!

五、社会主义初级阶段的基本纲领的重大意义

社会主义初级阶段的基本纲领作为马克思主义中国化的成果之一,它来自于初级阶段的国情实际,来自于改革开放的伟大实践。一定要从初级阶段的客观实际出发,而初级阶段的基本国情在各地的情况千差万别、表现不一,特别要防止做出超越阶段的决策,提出不切实际的口号,而造成重大损失,阻碍正常的发展。

(一)坚持社会主义初级阶段基本纲领的理论意义

理论上,在党的纲领中明确提出社会主义初级阶段的科学概念,丰富和发展了马克思主义;政治上,指明了方向,必须

坚持而不能离开社会主义,又必须从社会主义初级阶段这个实际出发,而不能超越这个阶段,反对右倾和"左"倾错误;实践上,在社会主义建设中,坚持一切从社会主义初级阶段的客观实际出发,为党的基本路线、基本纲领提出了科学的客观依据,确保中国社会主义现代化事业不断取得成功和胜利。实践证明,党的十一届三中全会以来党的路线、方针、政策之所以正确,之所以在实践中对社会的发展和进步产生气势磅礴的推动作用,就是因为它立足于社会主义初级阶段的客观现实。

要持之以恒、坚持不懈地将初级阶段基本纲领的精神内容作为马克思主义中国化、时代化、大众化的成果,加以宣传、讲解、普及,使其深入人心,在贯彻落实过程中变成全党全国人民共同的、自觉的行动,并对与基本纲领相悖的言行进行理直气壮的抵制,以保持正确的舆论导向,营造良好的思想舆论氛围,使基本纲领在建设有中国特色社会主义事业的伟大进程中发挥释放出更加积极的指导作用。

(二)在实践运用中,要特别注意把握方向性问题

在建设中国特色的社会主义经济问题上,特别注意要坚持和完善公有制为主体、多种所有制经济共同发展的基本经济制度，要坚持和完善社会主义市场经济体制方向不动摇。

在建设中国特色的社会主义政治问题上，特别要注意的是，既要坚持和完善人民代表大会制度、共产党领导的多党合作政治协商制度、民族区域自治制度和基层群众自治制度，更要强调正确处理好坚持党的领导、人民当家做主、依法治国的关系，将加强党的领导置于核心地位不动摇。

在建设中国特色的社会主义文化问题上，必须将邓小平理论、"三个代表"重要思想和科学发展观作为马克思主义中国化的最新成果，用于武装全党、教育人民，用中国特色社会主义共同理想凝聚力量，用以爱国主义为核心的民族精神和以改革创新为核心的时代精神鼓舞斗志，用社会主义荣辱观引领风尚，巩固全党全国各族人民团结奋斗的共同思想基础，即将建设社会主义核心价值体系放在首位。

在中国特色的社会主义建设问题上，则主要应把教育、医疗、社会保障、提高低收入者收入水平、加强社会管理、维护社会稳定等事关民生的大事一件件、一桩桩地抓好、抓实，使全体人民共享改革发展成果。

党在社会主义初级阶段的基本纲领，是对十一届三中全会以来特别是十三大以来中国改革开放和现代化建设主要经验的科学总结，是社会主义初级阶段的基本路线在经济、政治和文化方面的展开，是建设有中国特色社会主义的具体目标和基本政策。认真学习和深刻把握社会主义初级阶段基本纲领，对于牢牢把握"发展"第一要务，深入贯彻落实科学发展观，全面建设小康社会，具有十分重要的意义。

第四章　社会主义初级阶段的战略目标

第一节　"三步走"的发展战略

一、"三步走"发展战略的提出

（一）四个现代化的提出

关于中国要在20世纪末实现四个现代化的思想，正如邓小平所讲的，"是毛主席、周总理在世时确定的"。

毛泽东在1962年《扩大的中央工作会议上的讲话》中正确、客观、冷静地提出："建设强大的社会主义经济，在中国，50年不行，要100年，或者更长的时间"，"中国的人口多、底子薄，经济落后，要使生产力很大地发展起来，要赶上和超过世界上最先进的资本主义国家，没有100年的时间，我看是不行的"。在那次讲话中，毛泽东还特别提醒人们："把时间设想长一点，是有许多好处的，设想得短了反而有害。"1964年12月，毛泽东在审阅全国人大三届一次会议的《政府工作报告》草稿时要求："我们不能走世界各国技术发展的老路，跟在别人后面一步一步地爬行。我们必须打破常规，尽量采用先进技术，在一个不太长的历史时期内，把我国建设成为一个社会主义现代化的强国。"

时任国务院总理的周恩来根据毛泽东的这一思想，在全国人大三届一次会议上，第一次向世界表达了中国人民的雄心壮志：中国要在本世纪末（指20世纪）实现四个现代化！后来的四届人大、五届人大都沿用了这一口号。在这一阶段，邓小平基本上是继承了这一口号，只是把"国际上通用的现代化"概念，变成了"中国式的现代化概念"——小康水平。

（二）邓小平提出的中国式现代化

1979年，邓小平同志第一次提出，到20世纪末在中国实现"小康"的目标。1979年12月6日，邓小平同来访的日本首相大平正芳谈话时首次提出："我们要实现的四个现代化的概念，不是像你们那样的现代化，是中国式四个现代化，我们的四个现代化的概念，就是'小康之家'。"①这是邓小平第一次把中国传统文化中的"小康"概念与现代化概念融合在一起。1980年1月，他在《目前的形势和任务》报告中重申了这个思想："我们的现代化是中国式的"、"到本世纪末，争取国民生产总值每人平均达到1 000美元，算个小康水平"。

1980年11月，全国人大五届四次会议首次把邓小平的这一思想写入了《政府工作报告》。1982年，党的十二大又首次把它写入了党代会的决议："全党和全国人民在本世纪末的奋斗目标是，从1981年到本世纪末的二十年中，在不断提高经济效益的基础上，力争使工农业总产值翻两番，使人民的物质文化生活达到小康水平。"

1984年，邓小平同志又提出，在小康的基础上，再用30到50年，接近发达国家的水平。1984年，邓小平在会见第二次中日民间人士会议日方代表时指出，达到"小康水平"是"四个现代化的最低目标"。同年4月18日，邓小平在接见英国前外交大臣杰弗里·豪时指出："中国达到小康水平以后，还要继续奋斗，要在下个世纪30年到50年内，接近发达国家水平，使

---

① 《邓小平文选》第3卷，人民出版社1994年，第237页。

人民生活比较富裕。"之后，邓小平又多次讲了这个设想。

上述可知，这一阶段，邓小平开始致力于引导中国人民正视现代化的"国际标准"。这意味着邓小平认为中国要赶上世界先进国家，要成为一个真正的现代化的社会主义强国，从建国算起，50年是不行的，必须有100年的时间。

邓小平根据中国的客观实际和世界经济发展的动态，实事求是、客观冷静地为中国经济大船规定了力所能及的航速，避免了以往中国在经济建设上头脑发热、急躁冒进所带来的危害。在这时，邓小平巧妙地把"实现现代化"看作是一个过程，顺理成章地把他以前讲的"中国式"的现代化与现在讲的"国际标准"的现代化连为一体，既合乎逻辑又不失发展。这充分显示了邓小平思维敏捷、慧智豁达。

（三）邓小平提出"三步走"战略规划

1987年，邓小平明确提出了"三步走"战略规划。同年4月30日，邓小平在接见西班牙副首相格拉时讲道："我们原定的目标是，第一步在80年代翻一番。以1980年为基数，当时国民生产总值人均只有250美元，翻一番，达到500美元。第二步，是到本世纪末，再翻一番，人均达到1 000美元。实现这个目标,意味着我们进入小康社会,把贫困的中国变成了小康的中国……我们制定的目标更重要的还是第三步,在下个世纪用30年到50年再翻两番,大体达到人均4 000美元。做到这一步,中国就达到中等发达水平。这是我们的雄心壮志。"[1]这个讲话,是邓小平"三步走"战略思想正式形成的重要标志。

1987年党的十三大和1992年党的十四大先后把这个战略规划写入了党代会的决议。其时具体表述为:第一步,实现国民生产总值比1980年翻一番,解决人民的温饱问题,这个任务已基本实现;第二步,到20世纪末,使国民生产总值再增长一倍,人民生活达到小康水平;第三步,到21世纪中叶,人均国民生产总值达到中等发达国家水平,人民生活比较富裕,基本实现现代化。至此,"三步走"战略规划从内容到文字表述的框架正式确立。

二、"三步走"发展战略的形成过程

大体上可分为两个阶段:

第一阶段,从1979年底到1982年党的十二大,主要是确

---

[1]《邓小平文选》第3卷,人民出版社1993年版,第226页。

立了到20世纪末实现国民生产总产值翻两番，人民生活达到小康水平的战略目标。1979年底，邓小平在同来访的日本首相大平正芳会谈时提到中国式的四个现代化并且首次提出"小康之家"的概念。邓小平认为，"小康"就国民生产总值来说，就是年人均达到800到1 000美元，说准确点是800美元或稍多一点，而在经济总量上可以居于世界前列，也可以说是不穷不富，日子比较好过的水平。这是邓小平首次用统计指标量化现代化战略目标。

1982年党的十二大据此明确阐述了到20世纪末，中国实现国民生产总值比1980年翻两番（即由1980年的7 100亿元增加到2000年的28 000亿元左右）和"分两步走"的战略部署。在战略部署上，前十年主要是打好基础、积蓄力量、创造条件，后十年要进入一个新的经济振兴时期。这是党中央在全面分析了中国经济情况和发展趋势之后作出的重要决策。如果实现了这个目标，中国国民收入总额和主要工农业产品的产量将居于世界前列，整个国民经济的现代化进程将取得重大进展，城乡人民的收入将成倍增长，人民的物质文化生活可以达到小康水平。

第二阶段，从1982年党的十二大到1987年党的十三大，初步确立到21世纪中叶"接近发达国家的水平"的目标。这一阶段，邓小平把20世纪末实现"小康社会"称之为"初步目标"。1984年6月，邓小平提出要在20世纪末实现翻两番以后，努力达到更高的发展水平，"再发展30年到50年，力争接近世界发达国家的水平"①。1985年4月，邓小平在会见坦桑尼亚联合共和国副总统姆维尼时明确指出："十一届三中全会以后，我们探索了中国怎么搞社会主义。归根到底，就是要发展生产力，逐步发展中国的经济。第一步，到本世纪末翻两番，达到小康水平。第二步，再花30年到50年时间，接近发达国家的水平。"②

两个阶段的目标，即第一步和第二步的提法，一直沿用到1987年初。1987年4月30日，邓小平在会见西班牙工人社会党副总书记、政府副首相格拉时，第一次明确完整地提出了"三步走"的经济发展战略。

1987年党的十三大召开，在报告中把邓小平"三步走"的

---

① 《邓小平文选》第3卷，人民出版社1993年版，第77页。
② 《邓小平文选》第3卷，人民出版社1993年版，第117页。

战略思想确定下来，标志着邓小平在社会主义建设的战略目标和战略步骤问题上的理论最终完善和形成。

三、"三步走"发展战略的内容

十三大报告对"三步走"战略作了准确的描述："第一步，实现国民生产总值比1980年翻一番，解决人民的温饱问题，这个任务已经基本实现；第二步，到20世纪末，使国民生产总值再增长一倍，人民生活达到小康水平。第三步，到21世纪中叶，人均国民生产总值达到中等发达国家的水平，人民生活比较富裕，基本实现现代化。然后在这个基础上继续前进。"

第一步战略部署解决人民的温饱问题，这是中国经济发展的必经阶段，也是实现现代化的基础和出发点，经过8年的努力，该目标已经在1988年提前完成。

第二步战略目标中原定到2000年国民生产总值比1980年翻两番的任务已于1995年提前完成。为此，1996年八届全国人大四次会议批准的中国《国民经济和社会发展"九五"计划和2010年远景目标纲要》中又提出新的要求："九五"时期全面完成现代化建设的第二步战略部署，到2000年，人口控制在13亿以内，实现人均国民生产总值比1980年翻两番；基本消除贫困现象，人民生活达到小康水平；加快现代企业制度建设，初步建立社会主义市场经济体制，为21世纪开始实施的第三步战略部署奠定更好的物质技术基础。21世纪目标是第一个十年，即2000年至2010年，实现国民生产总值比2000年翻一番，人口控制在14亿以内，使人民的小康生活更加宽裕，形成比较完善的社会主义市场经济体制。再经过十年的努力，到建党100周年时，使国民经济更加发展，各项制度更加完善，到21世纪中叶建国100周年时，达到第三步经济发展目标，基本实现现代化，把中国建设成为富强、民主、文明的社会主义国家。

四、党的新"三步走"战略

经过努力，目前中国已经胜利实现了第一步、第二步战略步骤，人民生活水平总体上达到小康水平。这是社会主义制度的伟大胜利，是中华民族发展史上的一个新的里程碑。但是由于中国正处于并将长期处于社会主义初级阶段，现在达到的小康还是低水平的、不全面的、发展很不平衡的小康，人民日益增长的物质文化需要同落后的社会生产力之间的矛盾仍然是中国社会的主要矛盾，巩固和提高目前达到的小康水平还需要进行长时期的艰苦奋斗。

党的十五大报告把邓小平提出的"三步走"发展战略中的第三步具体细化为三个阶段。"三步走"发展战略第三步的具体化，作为党的新"三步走"战略，体现了中国共产党和中华民族的奋斗精神，反映了全党全国各族人民肩负着振兴中华、振兴社会主义的崇高的历史使命。

2002年11月8日，中国共产党第十六次全国代表大会胜利召开，确立了全面建设小康社会的目标，绘制了21世纪头二十年中国现代化建设的一幅宏伟蓝图。

江泽民在十六大报告中指出，21世纪头二十年，对中国来说，是一个必须紧紧抓住并且可以大有作为的重要战略机遇期。要在本世纪头二十年，集中力量，全面建设惠及十几亿人口的更高水平的小康社会，使经济更加发展，民主更加健全，科教更加进步，文化更加繁荣，社会更加和谐，人民生活更加殷实。

这是实现现代化建设第三步战略目标必经的承上启下的发

展阶段，也是完善社会主义市场经济体制和扩大对外开放的关键阶段。

"承上"，是指承接现代化建设第一步、第二步战略步骤，在已经实现温饱和小康的基础上起步；"启下"，是指经过这个阶段20年的建设，建成更高水平、全面的、发展比较均衡的小康社会，然后再继续奋斗几十年，到本世纪中叶基本实现现代化，把中国建设成富强民主文明的社会主义国家。

党的十六大关于全面建设小康社会的理论和纲领，是建设中国特色社会主义理论和实践的丰富和发展，为全党和全国人民指明了在新世纪新的发展阶段继续前进的方向。全面建设小康社会目标的提出，符合中国国情和现代化建设的实际，符合人民的愿望，使全国和全国各族人民目标明确，同心同德地艰苦创业，争取早日实现中华民族的伟大复兴，意义十分重大。

全面建设小康社会的目标，是中国特色社会主义经济、政治、文化全面发展的目标，是与加快推进现代化相统一的目标。可以肯定，实现了全面建设小康的目标，祖国必将更加繁荣富强，人民的生活必将更加幸福美好，中国特色社会主义必将进一步显示出巨大的优越性。

第二节　全面建设小康社会（上）

一、社会主义初级阶段"小康"社会的新内容

（一）中国传统文化中的"小康"

"小康"之词最早出自西周时的《诗经》。《诗·大雅·民劳》中说："民亦劳止，汔可小康。"在这里小康是生活安定之意。西汉经学家戴圣编纂的《礼记·礼运》一书，描述作为一种"小康"社会的状态，称："今大道既隐，天下为家，各亲其亲，各子其子，货力为己。大人世及以礼，城郭沟池以为固，礼义以为纪，以正君臣，以笃父子，以睦兄弟，以和夫妇，以设制度，以立田里，以贤勇知，以功为己……是为'小康'。"在这里，"小康"是指礼让和睦、亲善友爱，财产私有、生活宽裕，上下有序、家庭和睦的社会状况。

（二）邓小平赋予"小康"新的时代内容

20世纪70年代末之后，"小康"这个概念由于邓小平的倡导而被赋予了新的时代内容。邓小平在明确指出中国式的四个

现代化就是"小康之家"的基础上，还多次对中国现代小康的时代特点作了阐述："所谓小康社会，就是虽不富裕，但日子好过。是社会主义国家，国民收入分配要使所有的人都得益，没有太富的人，也没有太穷的人，所以日子普遍好过。更重要的是，那时我们可以进入国民生产总值达到10 000亿美元以上的国家的行列。"

（三）"小康"的涵义

党的十三届七中全会和七届人大四次会议从三个方面概括了小康的涵义：

第一，所谓"小康水平"，是在温饱的基础上，生活质量进一步提高，达到丰衣足食。

第二，生活质量的提高，既包括物质生活的改善，也包括精神生活的充实，居民个人消费水平的提高，社会福利、劳动环境的改善。

第三，根据中国经济发展不平衡的情况，全国实现小康是逐渐推进的，不可能规定一个统一的时刻表。到20世纪末，已经实现小康的地区，将进一步提高生活水平，达到较高的发展阶段；温饱问题基本解决的多数地区，将普遍达到小康；尚未摆脱贫困的少数地区，将在温饱的基础上向小康过渡。

这是中国共产党对小康的理解，也是中国实现小康的重要指导思想。小康社会是中国在实现社会主义现代化过程中，从温饱发展到富裕的一个历史阶段，按照"三步走"的发展战略，实现了"三步走"的前两步，就是进入了小康社会。

二、"小康水平"的标准

（一）国际"小康水平"标准

参照标准主要有以下两种：

1.以消费结构为参照标准。即用以购买食物的支出在整个消费支出中所占的比重，经济学中称之为"恩格尔系数"。恩格尔系数是19世纪中期德国统计学家恩斯特·恩格尔提出来的。

恩格尔认为，一个家庭收入越少，其总支出中用于购买食物的费用所占的比例越大。一个国家越穷，每个国民的平均支出中用于购买食物的费用所占比例越大。恩格尔系数是国际上通行的衡量一个国家和地区人民生活水平状况的重要指标。按照恩格尔系数的标准，居民的食物性支出占整个消费支出的比重在60%以上，就属于绝对贫困；在60%—50%之间为温饱；50%—40%之间为小康；40%—30%为富裕，30%以下为最富裕。改革开放以来，中国的恩格尔系数降幅明显加快，城镇由1990年的54.2%下降至2001年的37.9%，农村由1990年的58.4%下降至2000年的49.1%，2001年又下降到47.7%。因此，中国人民生活总体上达到了小康水平。

2．以人均GDP为参照标准。人均GDP达到400美元是温饱水平，达到800美元是进入小康水平，达到4 000美元是富裕水平。根据世界银行《1997年世界发展报告》，人均国民生产总值在725美元以下为低收入国家；人均国民生产总值在725—2 895美元为中下收入国家，2 895—8 956美元为中上收入国家；8 956美元以上为高收入国家。世界银行《1999—2000年世界发展报告》把低收入国家确定为人均GDP在760美元以下。参照这一划分，摆脱低收入阶段，进入中等收入行列，即进入小康。2000年，中国人均国内生产总值超过800美元。2001年，人均国内生产总值超过900美元，人民生活总体上达到小康。

（二）我国的"小康水平"标准

为了综合反映小康水平，党和政府曾用过人均国民生产总值800—1 000美元的概念。由政府部门设定的这些标准，是比较全面，且具有较强的权威性和可操作性。小康、小康之家、小康社会等，都是具有鲜明中国特色的概念。中共中央《关于制定国民经济和社会发展十年规划和"八五"计划的建议》中，对小康社会的标准又具体提出了六个方面，即生活资料更加丰裕、消费结构更加合理、居住条件明显改善、文化生活进一步丰富、健康水平继续提高、社会服务设施不断完善。关于具体的小康标准，有关部门曾经作过一些研究和设定。如1992年国家统计局提出的指标体系，分为宏观经济条件、生活质量和生活效果三个领域，共12个指标。具体量化指标又分全国标准、城市标准和农村标准三类。

比较通用的是国家计划委员会与国家统计局联合提出并征求12个部委意见，于1995年1月修改完成全国人民生活小康水平的基本标准。该标准由经济水平、物质生活、人口素质、精神生活、生活环境等五个部分16项分指标组成：（1）人均国内生产总值2 500元（按1980年的价格和汇率计算相当于900美元）；（2）城镇人均可支配收入2 400元；（3）农民人均纯收入1 200元；（4）城镇住房人均使用面积12平方米；（5）农村钢砖木结构住房人均使用面积15平方米；（6）人均蛋白质日摄入量75克；（7）城市每人拥有铺路面积8平方米；（8）农村通公路行政村比重85%；（9）恩格尔系数50%；（10）成人识字率85%；（11）人均预期寿命70岁；（12）婴儿死亡率3.1‰；（13）教育娱乐支出比重11%；（14）电视机普及率100%；（15）森林覆盖率15%；（16）农村初级卫生保健基本合格县比重100%。

三、全面建设小康社会的目标

党的十六大报告中明确提出：要在21世纪头二十年，集中力量，全面建设惠及十几亿人口的更高水平的小康社会。党的十六大报告指出，全面建设小康社会的目标是："在优化结构和提高效益的基础上，国内生产总值到2020年力争比2000年翻两番，综合国力和国际竞争力明显增强。基本实现工业化，建成完善的社会主义市场经济体制和更具活力、更加开放的经济体系。城镇人口的比重较大幅度提高，工农差别、城乡差别和地区差别扩大的趋势逐步扭转。社会保障体系比较健全，社会就业比较充分，家庭财产普遍增加，人民过上更加富足的生活。社会主义民主更加完善，社会主义法制更加完备，依法治国基本方略得到全面落实，人民的政治、经济和文化权益得到切实尊重和保障。基层民主更加健全，社会秩序良好，人民安居乐业。全民族的思想道德素质、科学文化素质和健康素质明显提高，形成比较完善的现代国民教育体系、科技和文化创新体系、全民健身和医疗卫生体系。人民享有接受良好教育的机会，普及高中阶段教育，消除文盲。形成全民学习、终身学习的学习型社会，促进人的全面发展。可持续发展能力不断增强，生态环境得到改善，资源利用效率明显提高，促进人与自然的和谐，推动整个社会走上生产发展、生活富裕、生态良好的文明发展的道路。"①

四、我国已经取得的"小康"成就

改革开放以来，经过全党和全国各族人民的共同努力，

---

① 江泽民：《全面建设小康社会开创中国特色社会主义事业新局面——在中国共产党第十六次代表大会上的报告》，新华网2002年11月8日。

20世纪80年代以来的三个五年计划的胜利实施，短短几年里就跨越了物资匮乏的年代；20世纪80年代人民生活从贫困走向温饱，90年代逐渐迈向小康，生活水平不断提高。胜利实现了现代化建设"三步走"战略的第二步目标，以完成"九五"计划为标志，实现了由温饱到小康的历史性跨越，人民生活总体上达到小康水平。这是社会主义制度的伟大胜利，是中华民族发展史上的一个新的里程碑。

在第二步战略目标特别是在"九五"期间，面对错综复杂的国际国内经济环境，党中央、国务院审时度势，根据中国《国民经济和社会发展的"九五"计划和2010年远景目标纲要》，总揽全局，坚持用发展的办法解决前进中的问题，经过全国各族人民的共同努力，在有效治理通货膨胀、成功实现经济软着陆后，针对经济形势的变化，实行扩大内需的方针，果断实施积极的财政政策和稳健的货币政策，抑制了通货紧缩趋势，克服了亚洲金融危机和国内有效需求不足带来的困难，国民经济和社会发展取得巨大成就。

经济运行质量与效益提高，综合国力进一步增强，主要工农产品产量位居世界前列，商品短缺状况基本结束。粮食等主要农业产品生产能力明显提高，实现了农产品供给由长期短缺到总量基本平衡、丰年有余的历史性转变。

工业结构调整取得积极进展，信息产业等高新技术产业迅速成长，淘汰落后和压缩过剩工业生产能力取得成效。服务业持续增长，就业岗位增加。基础设施建设成绩显著，瓶颈制约得到缓解。人民生活水平继续提高，消费结构改善，农村贫困人口的温饱问题基本解决。

第二步战略目标的胜利实现，经济体制实现了由计划经济体制向社会主义市场经济体制的转变，实现了改革开放新的历史性突破；彻底摆脱或者说彻底结束了票证经济、短缺经济这种过去长期困扰的经济状态，经济发展取得了重大的历史性成就；人民生活总体上实现了由温饱到小康的历史性跨越。这一时期是中国综合国力大幅度跃升，人民得到实惠最多时期；是中国社会长期保持安定团结、政通人和的时期；是中国国际影响显著扩大、民族凝聚力极大增强的时期。

依据国家统计局的调查研究，第二步战略目标在经济方面的伟大成就可以通过以下方面反映出来："经济的快速增长缩小了中国与发达国家的差距。根据国际货币基金组织估算，与

1989年相比，2001年中国的经济总量已由世界第八位跃居世界第六位，超过了加拿大和意大利，位于美国、日本、德国、法国、英国这前五位之后。农产品产量保持快速增长，截至2001年，谷物、棉花、油菜籽、水果、猪牛羊肉等产品产量稳居世界第一位，茶叶居第二位，甘蔗居第三位，大豆居第四位。特别值得关注的是，奶类生产由1989年的世界第十八位提高到第八位，反映了十几年来人民生活水平、消费结构的提高和变化。主要工业产品产量中，截至2000年，彩色电视机、煤、水泥、化肥、钢产量居世界第一位，发电量、棉布、化学纤维居第二位，其中钢和发电量在1989年分别居世界第四位，这两种产品位次的变化客观上反映了中国经济实力的变化。综合国力持续增强，国际地位明显提高。改革开放以来，中国以前所未有的高速度发展。国内生产总值从1978的3 624亿元增加到2001年的95 933亿元，按可比价格计算，年均增长率为9.4%，超出世界同期年均增长率6.1个百分点；1989年至2001年间，面对复杂多变的国内外经济环境，中国经济仍保持快速发展，年平均增长速度仍达到9.3%，超出世界同期年均增长率6.1个百分点，是世界上发展最快的国家之一。经济结构持续优化，产业升级逐步进行。改革开放以来，特别是1989年以来，中国加快了结构调整特别是产业结构调整的步伐，在优先发展农业和轻工业、加强基础产业、基础设施建设的同时，大力发展第三产业，产业结构逐渐趋于合理。三次产业结构呈现出农业比重趋于下降、第二产业比重稳步提高、第三产业比重逐渐提升的演进趋势。2001年，一、二、三产业占国内生产总值的比重分别为15.2%、51.2%和33.6%。与1978年和1989年相比，增加值第一产业的比重分别下降了12.9个和9.8个百分点，第二产业比重分别上升3.1个和8.1个百分点，第三产业比重分别上升9.9个和1.6个百分点。产业结构的不断改善，一方面从根本上改变了中国的市场状况，产品短缺的状况基本结束，一度制约中国经济发展的一些瓶颈产业，如原材料、燃料动力、交通运输的紧张状况已成为历史，另一方面通过第三产业的稳步发展，弥补了传统产业由于缺乏市场需求而对经济持续稳定增长造成的影响，大量吸收了越来越多的过剩劳动力，产业结构逐步趋向合理。城乡居民收入水平不断提高。从农村来看，1978年，农民人均纯收入仅134元，1989年达到602元，1997年超过2 000元，2001年达到2 366元，1979年至2001年平均每年实际增长7.3%。农民收入水平实现温饱有余，部分地区已实现小康。从城镇居民看，城镇居民收入加速增长，2001年，城市居民人均可支配收入6 860元，比1989年增加了5 484元，扣除价格因素，实际年均增长率达到7.1%，比1979年至1989年5.6%的年均增长率高出3.5个百分点。城镇居民已经整体上实现小康。与此同时，贫困人口也大量减少，到2001年，农村贫困人口仅余2 900多万，比1978年减少2.2亿多，比1989年减少7 000多万。利用外资规模不断扩大，质量日益提高。2001年，实际使用外商直接投资为497亿美元，1989年至2001年累计达3814亿美元，是1979年至1988年实际使用外商直接投资累计121亿美元的32倍；外商投资的平均项目规模由80年代初的120万美元，90年代初期的130多万美元，增加到90年代后期的300多万美元。外商投资领域逐步拓宽，外商直接投资开始从农业、工业、交通、饮食娱乐业等领域向邮电通信、商品零售、金融保险等行业拓展。境外大公司、大财团来华投资增多，世界500强企业中已有超400家在华投资。外汇储备达到较高水平。1978年，中国外汇储备只有1.6亿美元，1989年增加到56亿美元，2001年迅速增加到2 122亿美元，仅次于日本，居世界第二位。对外贸易规模不断扩大,在世界贸易中的地位不断提高。改革开放以来,特别是1989年以来,中国的对外开放逐步扩展,全方位、多层次、宽领域的对外开放格局基本形成,对外贸易迅速发展。进出口总额1978年仅206亿美元,1989年增加到1 117亿美元,2001年进一步增加到5 098亿美元,1979年至2001年平均增速达15%。在世界上的排位,1978年为第25位,1989年上升到第14位,2001年次于美国、德国、日本、法国和英国,列第6位。其中,商品进口额1978年为109亿美元,列世界第21位,1989年增长到591亿美元,列世界第13位,到2001年又增加到2 436亿美元,列世界第6位;出口贸易额1978年为98亿美元,列世界第27位,1989年增加到525亿美元,列世界第11位,到2001年又增长到2 662亿美元,列世界第6位。在出口规模不断扩大的同时,出口结构也不断改善。高技术、高附加值的工业制成品所占比重明显提高,价格相对较低的初级产品比重有所下降。初级产品出口所占比重由1978年的50.3%下降到2001年的9.9%;工业制成品比重则由49.7%提高到90.1%。居民消费结构持续优化。恩格尔系数逐年下降,城乡居民生活质量持续提高。从农村居民看,1978年恩格尔系数高达67.7%。还处在贫困阶段，1989年降至58.4%，由贫困转向温饱，2001年则进一步降至47.7%，开始步入小康。从城镇居民看，1978年城市居民恩格尔系数为57.5%，仅能维持温饱，1989年略降到54.5%，仍在温饱上徘徊，进入90年代，城市居民生活水平稳步提高，恩格尔系数逐年下降，1994年首次跌破50%大关，开始进入小康，2001年降到37.9%，由小康转向富裕。"①

第三节 全面建设小康社会（中）

一、我国现阶段小康水平

现阶段，我国总体上达到了"小康水平"，但我国还处于并将长期处于社会主义初级阶段，因此尽管进入了全面建设小康社会、加快推进社会主义现代化的新的发展阶段，其主要矛盾仍然是人民日益增长的物质文化需要同落后的社会生产力之

---

① 国家统计局：《三步走战略基础坚实国民经济快速发展》，《中国经济信息》2002年第21期。

间的矛盾。但是，这一主要矛盾在新的发展阶段又呈现出一些特点。正如党的十六大报告所指出的，经过三十多年的努力，人民生活总体上已达到小康水平；现在达到的小康还是不全面的、低水平的、发展很不平衡的小康。

（一）现阶段的小康社会是不全面的

目前的小康主要在经济方面，侧重于物质文明，对精神文明、政治文明、生态环境和可持续发展方面关注相对不够；即使在经济方面，也主要是侧重于解决生存需要，在温饱的基础上，达到丰衣足食，但还来不及解决住和行的问题。对享受需要、发展需要还没有得到应有的关注。中国的生活环境状况尽管有一定程度的改善，但有两项指标刚刚达到或者还没有达到国家统计局、国家计委界定的小康生活标准。中国的森林覆盖率1999年达16.55%，首次超过小康生活标准15%，农村初级卫生保健基本合格县百分比1999年为83%，还未达到100%的小康生活标准。

（二）现阶段的小康社会是低水平的

中国的人均国民生产总值水平比较低。据世界银行测算，1998年中国人均GDP只有750美元，世界排位第149；2000

年人均GDP只有800美元，2001年人均GDP900美元，2002年人均GDP接近1 000美元，但还只相当于世界下中等收入国家的下限。国内1/4左右的人口还达不到这个水平。而发达国家的人均国内生产总值大致为2万至3万美元。从逻辑上说，在没达到"富裕"之前都属于小康阶段。中国刚刚跨入小康的"门槛"，相对应的是一个很宽的数量区间。

（三）现阶段的小康社会是发展不平衡的

党的十六大报告所指出的，经过三十多年的努力，人民生活总体上已达到小康水平——所谓"总体上达到"，就是总体上平均计算达到了。是指大部分居民，即约占75%的人口初步达到小康水平。由于中国幅员广阔，城市与农村之间、东部与西部之间、不同收入群体之间，发展水平不平衡。

中国城镇约有1 400万人口处于失业、下岗状态，同时每年新增约1 000万就业人口。进城打工的人员数量极大。此外还约近2亿人口处于无活可干状态。"三农"问题，即农业，农村、农民问题，长期以来一直是困扰中国经济、社会发展的重大问题。解决"三农"问题已成为经济、社会发展的重中之重。从地区不平衡来说，国家统计局的资料显示，2001年，沿海地区广东、江苏、山东、上海和浙江这5个省市，其工业增加值占全国的48.5%，创造的国内生产总值总量占全国国内生产总值总量50%以上。西部地区的土地面积占全国的71%，人口占全国的28.6%，国内生产总值占全国的17.1%。2001年，上海市人均国内生产总值已达4 000多美元，而贵州省人均只达到300美元。中国东部11省市人均国内生产总值达到1 600美元，而西部12省市区人均只有610美元。城乡差别也大，城乡居民收入比为3∶1。2000年，中国还有3 000万的农村人口连温饱问题还没有解决，城镇还有2 000万人生活困难，还有几千万人处在低水平和不巩固的温饱状况。

二、继续建设小康社会面临的问题和意义

（一）建设小康社会必须面对的问题

现在达到的小康是不全面的、低水平的、发展很不平衡的小康，中国生产力和科技、教育还比较落后，实现工业化和现代化还有很长的路要走，有很多问题摆在全国人民面前：

城乡二元经济结构还没有改变，地区差距扩大的趋势尚未扭转，贫困人口还为数不少；人口总量继续增加，老龄人口

比重上升，就业和社会保障压力增大；生态环境、自然资源和经济社会发展的矛盾日益突出；仍然面临发达国家在经济科技等方面占优势的压力；经济体制和其他方面的管理体制还不完善；民主法制建设和思想道德建设等方面还存在一些不容忽视的问题。

巩固和提高目前达到的小康水平，还需要进行长时期的艰苦奋斗。

（二）建设小康社会具有重大意义

全面建设小康社会，有重大的政治意义和社会意义，远不是一个人均国内生产总值3 000美元的经济指标那么简单。集中力量，全面建设小康社会，是实现社会主义现代化建设第三步战略目标必经的承上启下的发展阶段，也是完善社会主义市场经济体制和扩大对外开放的关键阶段。全面建设小康社会的实现，是社会全方位发展战略。全面建设小康社会目标重视中国经济的高速增长，但并不仅仅拘泥于经济领域，是包含经济、政治、文化综合概念的全方位经济社会发展战略，代表社会全面发展和进步的程度。全面建设小康社会目标是既考虑到中国现代化建设的紧迫性，又考虑到中国现代化建设的艰巨性和长期性的伟大设想。它的实现,将使中国贫穷落后的面貌得到根本的改变,综合国力大大增强。正如邓小平所指出,"到那个时候,就可以真正用事实理直气壮地说社会主义比资本主义优越了"①。

三、全面建设小康社会的奋斗目标

根据党的十五大提出的到2010年、建党100年和新中国成立100年的发展目标,党的十六大确立了全面建设小康社会的目标。全面建设小康社会,就是要建设更高水平的、更全面的、发展比较均衡的小康社会。全面建设小康社会,是指整个社会经济、政治、文化协调发展,物质文明、政治文明和精神文明共同发展,人口、资源、环境协调发展,不同地区、不同城市、不同农村、不同群体的全面发展。要在本世纪头二十年,集中力量,全面建设惠及十几亿人口的更高水平的小康社会,使经济更加发展,民主更加健全,科教更加进步,文化更加繁荣,社会更加和谐,人民生活更加殷实。

---

① 《邓小平文选》第3卷,人民出版社1993年版,第256页。

（一）十六大明确提出的全面建设小康社会的目标

党的十六大报告中明确提出，要在21世纪头二十年，集中力量，全面建设惠及十几亿人口的更高水平的小康社会。全面建设小康社会的目标是："经济建设与改革的目标：在优化结构和提高效益的基础上，国内生产总值到2020年力争比2000年翻两番，综合国力和国际竞争力明显增强。基本实现工业化，建成完善的社会主义市场经济体制和更具活力、更加开放的市场体系。城镇人口的比重有较大幅度的提高，工农差别、城乡差别和地区差别扩大的趋势逐步扭转。社会保障体系比较健全，社会就业比较充分，家庭财产普遍增加，人民过上更加富足的生活。民主政治建设的目标：社会主义民主更加完善，社会主义法制更加完备，依法治国基本方略得到全面落实，人民的政治、经济和文化权益得到切实尊重和保障。基层民主更加健全，社会秩序良好，人民安居乐业。精神文明建设的目标：全民族的思想道德素质、科学文化素质明显提高，形成比较完善的现代国民教育体系、科技和文化创新体系、全民健身和医疗卫生体系。人民享有接受良好教育的机会，基本普及高中阶段教育，消除文盲。形成全民学习、终身学习的学习型社会，促进人的全面发展。实现可持续发展的目标：可持续发展能力不断增强，生态环境得到改善，资源利用效率明显提高，促进人与自然的和谐发展，推动整个社会走上生产发展、生活富裕、生态良好的文明发展道路。"①

（二）具体分析全面建设小康社会的奋斗目标

1. 经济建设与改革的目标。在优化结构和提高效益的基础上，国内生产总值到2020年力争比2000年翻两番，到2020年，中国GDP将达到35万亿元，GDP总量水平在世界上将居于第三位，年均增长速度保持在7%以上，人均GDP力争超过3 000美元。综合国力和国际竞争力明显增强。基本实现工业化，建成完善的社会主义市场经济体制和更具活力、更加开放的经济体系。农村人口的比重下降到30%，城镇人口的比重较大幅度提高，工农差别、城乡差别和地区差别扩大的趋势逐步扭转。社会保障体系比较健全，社会就业比较充分，家庭财产普遍增加，人民过上更加富足的生活。

2. 民主政治建设的目标。发展社会主义民主政治，建设

---

① 江泽民：《全面建设小康社会开创中国特色社会主义事业新局面——在中国共产党第十六次代表大会上的报告》，新华网2002年11月8日。

社会主义政治文明，是全面建设小康社会的重要目标。社会主义民主更加完善，社会主义法制更加完备，依法治国基本方略得到全面落实，人民的政治、经济和文化权益得到切实尊重和保障。到2010年形成中国特色的法律体系，到2020年，各项基本制度得到巩固和完善，社会生活基本法制化。基层民主更加健全，社会秩序良好，人民安居乐业。

3. 精神文明建设的目标。全民族的思想道德素质、科学文化素质和健康素质明显提高，建立与社会主义市场经济相适应、与社会主义法律体系相协调、与中华民族传统美德相承接的社会主义思想道德体系，形成比较完善的现代国民教育体系、科技和文化创新体系、全民健身和医疗卫生体系。人民享有接受良好教育的机会，基本普及高中阶段教育，消除文盲。民族的大众的社会主义文化得到大力发展，形成全民学习、终身学习的学习型社会，促进人的全面发展。

4. 实现可持续发展的目标。到2010年，作为小康社会核心指标的森林覆盖率要达到19.4%，生态环境恶化的趋势初步得到遏制；到2030年，森林覆盖率达到24%，生态环境明显改观。可持续发展能力不断增强，生态环境得到改善，资源利用效率显著提高,促进人与自然的和谐,推动整个社会走上生产发展、生活富裕、生态良好的文明发展道路。

(三)全面建设小康社会的目标的特点

全面建设小康社会的目标,是实现中国社会主义现代化的宏伟蓝图。它有着自身鲜明的特点:

第一,全面建设小康社会的实现,是社会全方位发展战略。全面建设小康社会目标重视中国经济的高速增长,强调国民生产总值的增加,主要以经济指标来衡量战略目标的实现,但并不仅仅拘泥于经济领域,是包含经济、政治、文化综合概念的全方位经济社会发展战略,代表社会全面发展和进步的程度。1995年十四届五中全会党中央进一步提出要把社会全面发展问题提到战略高度。1997年党的十五大又提出了党在社会主义初级阶段的基本纲领,包括经济、政治和文化三个方面,为社会全面发展指明了方向。2002年11月的党的十六大确立的全面建设小康社会的目标,也是中国特色社会主义经济、政治、文化全面发展的目标,是与加快推进现代化相统一的目标。

第二,全面建设小康社会的实现,体现求实与理性的统一。全面建设小康社会目标从曾有的失误和挫折中吸取教训,从头脑中固守的观念中解放出来，实事求是地根据中国现实国情提出了中肯的发展目标，是在总结社会主义建设的经验教训的基础上提出的既雄心勃勃，又实事求是的发展战略，表明中国决心用100年左右的时间，艰苦奋斗，走完发达国家几百年走完的历程。全面建设小康社会目标充分体现了邓小平理论"解放思想，实事求是"的精髓，充分体现了远大目标与求实精神的统一。全面建设小康社会目标是既考虑到中国现代化建设的紧迫性，又考虑到中国现代化建设的艰巨性和长期性的伟大设想。它的实现，将使中国贫穷落后的面貌得到根本的改变，综合国力大大增强。"到那个时候，就可以真正用事实理直气壮地说社会主义比资本主义优越了"[①]。

第三，全面建设小康社会的实现，是生产力目标和价值取向的结合。全面建设小康社会目标的每一步都包括两方面的目标，既包括经济社会发展的程度和状况，又明确指出人民生活水平发生的变化，是生产力目标和价值目标的结合。生产力决定生产关系，社会主义要体现优越性，实现现代化，必须从生产力角度体现出来。每一步战略步骤在客观分析中国生产力

[①]《邓小平文选》第3卷，人民出版社1993年版，第256页。

的状况后，进行科学推理与测算，进而提出科学可行的发展目标，即全面建设小康社会目标的生产力目标。生产力水平的不断发展，为共同富裕目标的实现以及提高人民的生活水平奠定了物质基础。从"温饱"、"小康"到"比较富裕"、"更加富足"的变化，是经济社会发展战略的价值目标。

（四）树立观念，实现全面建设小康社会的目标

全面建设小康社会的目标的实现，必须树立以下重要的观念：

第一，长期努力。从低水平的、不全面的、发展很不平衡的小康，发展为高水平的、全面的、较为平衡的小康，这需要进行长期艰苦的奋斗。在建设社会主义问题上，过去吃过一个大亏，就是急于求成。邓小平总结了这个经验教训，一再要求树立"长期性"的观念。特别是在1992年南方谈话中，他提出："巩固和发展社会主义制度，还需要一个很长的历史阶段，需要几代人、十几代人、甚至几十代人坚持不懈的努力奋斗，决不能掉以轻心。"2001年江泽民在"七一重要讲话"中，系统地论述了这个问题，突出地强调了"实现共产主义是一个非常漫长的历史过程"，建设中国特色社会主义要经过

"很长历史过程"。十六大报告再次强调了"长期性"的问题，指出"现在达到的小康还是低水平的、不全面的、发展很不平衡的小康"；"巩固和提高目前达到的小康水平，还需要进行长时期的艰苦奋斗"；要经过20年努力，才能"全面建设惠及十几亿人口的更高水平的小康社会"；"再继续奋斗几十年"，才能基本实现现代化。

第二，艰苦奋斗。改革开放和社会主义现代化建设取得了举世瞩目的伟大成就，我们完全有理由为此感到自豪，但不能自满，决不能懈怠，决不能停滞。必须始终谦虚谨慎、艰苦奋斗。中华民族历来以勤劳勇敢、不畏艰苦著称于世。历史和现实都表明：一个没有以艰苦奋斗精神作支撑的民族，是难以自立自强的；一个没有以艰苦奋斗精神作支撑的国家，是难以发展进步的；一个没有以艰苦奋斗精神作支撑的政党，是难以兴旺发达的。国家越是发达，人民生活越是富裕，越是要弘扬艰苦奋斗的精神。中国特色社会主义要走的路还长得很，肩负的任务还很艰巨，可能遇到的困难和挑战还会很多，必须认识坚持艰苦奋斗的极端重要性，牢固树立长期艰苦奋斗的思想和观念。

第三，居安思危。必须看到，前进的道路是不会平坦的，全面建设小康社会是十分艰巨的。同世界先进水平相比，中国的经济、科技、国防还存在很大的差距，仍然面临发达国家在经济、科技等方面占优势的压力。没有任何理由陶醉于已有的成绩而稍有懈怠，没有任何理由固步自封而止步不前，没有任何理由满足现状而不思进取。面对很不安宁的世界，面对艰巨繁重的改革、建设任务，一定要增强忧患意识，居安思危，清醒地看到日趋激烈的国际竞争带来的严峻挑战，清醒地看到前进道路上的困难和风险，倍加顾全大局，倍加珍视团结，倍加维护稳定。

（五）全面建设小康社会的目标与"三步走"战略的关系

党的十六大确立的全面建设小康社会的目标，同全面发展中国特色社会主义经济、政治、文化的目标相一致，与社会主义初级阶段基本实现现代化相统一，与邓小平"三步走"发展战略相衔接，符合中国国情和现代化建设的实际，符合人民的愿望，对于凝聚人心、鼓舞斗志、脚踏实地、开拓前进，加快推进中国特色现代化建设，具有十分重要的指导意义。

邓小平说："要证明社会主义真正优越于资本主义，要看第三步。"因此,分"三步走"的发展战略的实现,不仅具有重大的经济意义,而且有重大的政治意义。"三步走"发展战略的实现,使中国可以摆脱贫穷,逐步富裕起来;可以大大增强中国的综合国力,提高中国的国际地位;可以进一步巩固安定团结的政治局面;更重要的是能够真正体现社会主义制度的优越性。中国经济社会发展战略的实现,"不但是给占世界总人口3/4的第三世界走出了一条路,更重要的是向人类表明,社会主义是必由之路,社会主义优于资本主义"。

应该认识到,尽管党中央提出了20年全面建设小康社会的目标,但对于中国这样一个经济文化发展不平衡的国家来说,生产力发展不平衡性决定各地全面建设小康社会、实现现代化的时间表也不能一样。各地各部门都要从实际出发,采取切实有效的措施,努力实现这个目标。有条件的地方可以发展得更快一些,在全面建设小康社会的基础上,率先基本实现现代化。需要指出的是,这里讲的"率先基本实现现代化",是"在全面建设小康社会的基础上"提出的,因此不能光看经济指标,还要看政治、文化状况和可持续发展的能力是否"全面"发展了。只有这样,才能全面落实党的十六大精神,加快推进社会主义现代化。党的十六大明确提出了党在本世纪头二十年全面建设小康社会的奋斗目标，并从经济、政治、文化等方面全面勾画了实现这一目标的宏伟蓝图。全面建设小康社会的奋斗目标为在实现第三步战略目标的历史进程中，进一步加快推进现代化建设，提出了新的发展目标要求，同时也为在21世纪中叶基本实现现代化的第三步战略目标的最终实现奠定了雄厚的基础。

第四节 全面建设小康社会（下）

一、全面建设小康社会时期的经济社会发展战略

"三步走"的发展战略是对国内外现代化发展历史经验的深刻总结，是对现代化客观规律的正确反映，是中国社会主义现代化建设的科学行动纲领。党的十六大报告深刻分析了党和国家面临的新形势新任务，科学地作出了21世纪头二十年是中国一个重要战略机遇期的重大判断，提出了全面建设小康社会

的奋斗目标，并围绕实现这个目标制定了推进各方面工作的方针政策。

（一）全面建设小康社会时期的经济社会发展战略，体现了中国特色社会主义制度的优越性

历史上，美国、英国、法国等发达国家，从人均国民生产总值100美元达到人均国民生产总值4 000美元，差不多用了两百多年时间。按1980年的汇率计算，中国上世纪50年代人均国民生产总值约70美元，到21世纪中叶，第三步战略目标实现以后，中国人均国民生产总值可达到4 000美元，期间大约将用100年时间。早在1987年，邓小平就指出："要证明社会主义真正优越于资本主义，要看第三步，现在还吹不起这个牛。还需要五六十年的艰苦努力"，"只有到了下世纪中叶，达到了中等发达国家的水平，才能说真的搞了社会主义，才能理直气壮地说社会主义优于资本主义。现在正在向这个路上走"。在胜利完成第一、第二步战略目标的基础上，党的十六大提出了用20年的时间全面建设小康社会。全面建设小康社会目标的实现，祖国必将更加繁荣富强，人民生活必将更加幸福美好。中国将用100年的时间走完资本主义发达国家通常要用几百年走完的历程，中国特色社会主义制度必将进一步显示出巨大的优越性。

（二）全面建设小康社会时期的经济社会发展战略，体现时代性与中国特色

实现现代化是中国人民梦寐以求的理想。中国曾为了在短期内实现现代化，并赶上和超过发达国家，几度出现严重脱离国情，超越了实际可能，盲目追求高速度、高指标、高产值，结果欲速则不达，使国民经济的发展大起大落，遭到巨大损失。

党的十一届三中全会后，以邓小平为代表的中国共产党领导集体根据对中国国情的分析，实事求是地确定了战略目标和步骤。不仅把基本实现现代化的时间定位为70年，即到21世纪中叶，而且把基本实现现代化的含义界定为达到中等发达国家水平。与此相适应，党的十三大把十二大提出的建设成为高度文明、高度民主的社会主义国家中的两个"高度"去掉，改为在社会主义初级阶段，把中国建设成为富强、民主、文明的社会主义现代化国家。20世纪末，胜利完成了"三步走"战略目标中的第二步，21世纪初，党的十六大谋划了全面建设小康社会的目标。从20世纪后二十年至21世纪头二十年，从"建立小康社会"到"全面建设小康社会"，这是在改革开放全面推进过程中，不断适应新的形势发展，不断开拓前进的必然要求，体现了时代发展的要求，反映了人民的意愿。这对于人口众多、资源相对贫乏、经济文化十分落后的中国来说，实现"三步走"发展战略是可以实现的目标，又体现中国现代化建设的长期性和中国人民的雄心壮志。

（三）全面建设小康社会时期的经济社会发展战略，实现经济政治社会和谐发展

中国社会主义建设发展战略目标不是片面强调经济增长的单向度的发展目标，而是多元化的目标，是经济、政治、文化三位一体，相互制约、相互影响、共同发展、共同进步，经济、社会全面发展的目标模式。是中国特色社会主义经济政治文化协调发展、社会全面进步和人的全面发展相统一的目标。

中国社会主义初级阶段要实现的总体战略目标是："把中国建设成为富强、民主、文明的社会主义现代化国家。"其中，"富强"是指经济现代化，建设高度的物质文明，争取在21世纪中叶达到中等发达国家水平；"民主"是指政治现代化，建立一个人民当家做主，社会主义民主更加完善，社会主义法制更加完备，依法治国，富有效率，充满活力的社会主义政治制度；"文明"是指文化现代化，也就是建设社会主义精神文明，着力提高全民族的思想道德素质、科学文化素质和健康素质，繁荣学术和文艺。这一战略目标的实现最终完全取决于生产力的发展水平。社会主义政治文明建设和精神文明建设需要有社会的物质基础和经济条件作保证。只有经济、政治、文化协调发展，只有三个文明都搞好，才能建成社会主义现代化强国，才是中国特色的社会主义。

（四）全面建设小康社会时期的经济社会发展战略，以人民利益为出发点和最终归宿

中国原有的发展战略是以高速发展为主要目标，没有处理好积累与消费之间的关系，致使人民的生活在长时期内不能随着生产的发展而得到相应的提高和改善。邓小平提出的分"三步走"实现现代化的发展战略，纠正了过去制定中长时期国家经济计划时只重视产值、产量、速度，忽视提高人民物质文化生活水平的偏差。既规划了生产力方面的目标，又始终把提高人民生活水平作为目的和归宿。每一步都有相应的人民生活水平的标准,即"温饱"、"小康"和"比较富裕",充分体现了社会主义本质,体现了社会主义生产的目的。

二、本世纪中国的"重要战略机遇期"

党的十六大报告指出,21世纪头二十年,对中国来说是一个必须紧紧抓住并且可以大有作为的"重要战略机遇期"。"重要战略机遇期"是指在社会经济发展中不可多得的、也是不确定的、需紧紧把握住的时期。一个国家或一个民族如能及时抓住并利用好机遇,就能实现超常规快速发展;如错失机遇,则会拉大差距,甚至会遭到历史的淘汰。

在中国近代历史上,曾有过失去历史机遇的惨痛教训。18世纪末至19世纪初,英国、法国等西方国家相继进入工业革命时代,中国清王朝闭关锁国,错过了世界工业革命带来的重大发展机遇。19世纪末至20世纪初,欧美国家相继进行电气革命,而中国当时正处于清王朝覆灭、军阀混战时期,与机遇擦肩而过。新中国成立后,也由于种种原因,走过弯路,错过机遇,拉大了与西方发达国家的差距。现在,21世纪的头二十年,中国正面临着必须紧紧抓住并且可以大有作为的重要战略机遇期，把握住这一重要战略机遇期，关系到全面建设小康奋斗目标的实现。"重要战略机遇期"这一新概念，是在对国际国内形势作出科学判断的基础上提出来的。

经济全球化趋势的发展，以及中国加入世界贸易组织，为在全球范围内配置资源，加快现代化建设创造了机遇，提供了条件。在经济全球化进程中，生产要素以空前的速度在全球范围内流动，贸易自由化、金融国际化、生产网络化、投资外向化迅速扩大和推进。尽管经济全球化是把"双刃剑"，它首先有利于发达国家，对发展中国家有负面影响，但从总体看，对中国经济发展起着推动作用，为中国利用21世纪头二十年的重要战略机遇期提供更大的经济发展空间。中国经过三十多年来的对外开放，已经加入了世界贸易组织，也为中国参与国际竞争，争取比较宽松的国际贸易环境提供了机遇。为更好地实施"引进来"和"走出去"同时并举、相互促进的开放战略，利用世界先进技术、资金、市场和管理经验，来加快推进社会主义现代化，增强中国的综合国力，促进社会主义市场经济体制的完善等提供了有利的条件；我们要在更大范围、更广领域和更高层次上参与国际经济技术合作和竞争，参与全球化的进程，进一步加强同世界各国在贸易、科技、文化等领域的交流与合作；充分利用国际国内两个市场，优化资源配置，拓展发展空间，以开放促改革促发展。国民经济持续、快速、健康发展，经济总量位于世界前列，巨大的市场需求和大幅度增长的外汇储备，为进一步发展经济提供了较雄厚的物质技术基础；社会主义市场经济体制不断完善，民主法制建设不断推进，提供了制度性的保障。党的路线、方针、政策的正确，全国各族人民的团结、支持以及改革开放三十多年来积累的宝贵经验，为抓住机遇，大有作为的发展，提供了强有力的保证。

21世纪初，信息技术、生命科学和材料科学等新科技革命正在不断发展和迅速产业化，对各国的综合国力提高和竞争产生深刻的影响，也为中国通过科学技术突破实现跨越式发展提供了机遇。科学技术迅猛发展、科学技术与经济生活日益融合以及信息时代的到来，为有所为、有所不为、重点突破、实现经济社会的跨越式发展提供了良好的机遇和条件。信息技术的发明创新，在生产中的普遍应用，产生了许多新兴产业部门，信息产业被称为第四产业，具有发展势头大于第三、第二、第一产业的趋势。世界发生的这一变动为中国加快产业结构的调整,推动产业结构转换和升级,提供了极好时机,可以利用21世纪头二十年以信息化带动工业化,以工业化促进信息化,走出一条科技含量高、经济效益好、资源消耗低、环境污染少、人力资源优势得到充分发挥的新型工业化道路。抓住新科技产业化的机遇,就可以缩短中国与发达国家的差距,实现跨越式发展。

从国际格局和世界矛盾的全局看,当今世界时代的主题仍然是和平与发展。战后兴起的新技术革命和新工业革命的浪潮,深刻地改变了当代经济社会生活和世界面貌。世界范围的竞争,转向以经济实力和高科技为基础和主要内容的综合国力的较量。随着冷战结束和两极格局的终结,经济全球化和政治格局多极化已成为时代发展的必然趋势。在全球关注反恐斗争的形势下,大国关系在进一步调整,有利于集中精力搞建设。"世界发生大转折,就是个机遇。"新的世界大战在可以预见的时期内打不起来,国际局势总体上将继续趋向缓和。这为中国在新世纪加快发展提供了相对稳定的外部环境。

全面建设小康社会,加快推进社会主义现代化,关键在党的领导。党领导全国各族人民从容对付一系列关系中国主权和安全的国际突发事件,战胜在政治、经济领域和自然界出现的困难和风险,经受住考验,排除干扰,保证改革开放和现代化建设的航船始终沿着正确的方向破浪前进。在未来发展中也还会面临着不少挑战和难以预料的风险,但总的来说,机遇大于挑战。综合一切有利的和不利的因素,说明21世纪头二十年,对中国来说,是一个必须抓紧并且可以大有作为的重要战略机遇期。本世纪头二十年这一"重要战略机遇期",是中国实现现代化建设第三步战略目标必经的承上启下的发展阶段,也是完善社会主义市场经济体制和扩大对外开放的关键阶段。

"三步走"的发展战略,是分别实现温饱、小康、中等富裕的阶段。前两步各用十年的时间,已经实现。第三步要用50年,从2000年到2050年都属于小康阶段。党的十五大报告把"第三步"具体细化为三个阶段,即第一个十年实现国民生产总值比2000年翻一番,使人民的小康生活更加宽裕,形成比较完善的社会主义市场经济体制;再经过十年的努力,到建党100年时,使国民经济更加发展,各项制度更加完善;到21世纪中叶建国100年时,基本实现现代化,建成富强、民主、文明的社会主义国家。在"新三步走"战略中,前两步的完成,意味着

21世纪头二十年将实现高水平的、全面的、发展比较均衡的小康社会，具有承上启下、前后衔接的作用。"承上"，即承接现代化建设第一步、第二步战略步骤，20世纪末初步进入小康，在这个基础上起步；"启下"，即经过这个阶段20年的建设，然后再继续奋斗几十年，从小康迈向中等发达，到本世纪中叶基本实现现代化，把中国建成富强民主文明的社会主义国家。

第五章　实现既定发展目标的战略重点

党在"十五"、"十一五"规划与十六大报告中,对社会主义初级阶段的发展战略作出了详细规划与布局。面对世界科技革命和经济结构加速重组的趋势,随着中国经济由温饱型向小康型迈进,产业结构不适应形势发展的矛盾日益突出,其主要表现在:农业基础脆弱;能源和原材料严重短缺;交通、通讯等基础设施十分薄弱;第三产业发展滞后,第一、二、三产业之间的关系还不协调。因此,调整和优化产业结构,促进产业结构的合理化,对于中国现代化建设具有重要意义。邓小平根据中国国情、经济发展的实际情况,在1982年提出,中国的"战略重点,一是农业,二是能源和交通,三是教育和科学"。这为调整和优化产业结构指明了方向,即:大力发展第一产业,特别是农业;调整和提高第二产业,着力加强能源、交通等基础设施和基础工业;积极发展第三产业。党的十六大报告中又进一步指出:"推进产业结构优化升级,形成以高新技术产业为先导、基础产业和制造业为支撑、服务业全面发展的产业格局。"

第一节 产业结构调整

优化升级产业结构,走中国特色新兴工业化道路。实践证明,随着经济的发展,产业结构必然不断优化升级,逐步形成同社会生产力相适应的合理产业结构,这是各国经济发展的普遍趋势。

一、加强农业基础地位,全面繁荣农村经济

党的十六大报告指出:"建设现代农业,发展农村经济,增加农民收入,是全国建设小康社会的重大任务。"因此,调整和优化产业结构,促进产业结构合理化,必须坚持把农业放在经济工作的首位,全面发展和繁荣农村经济。

农业是国民经济的基础。农业劳动生产率的提高,是国民经济其他部门进一步发展的基础,农业在国民经济中的

基础作用，具体表现为：农业生产的发展直接关系广大农民生活的提高，直接关系到中国社会经济战略目标能否实现；农业为工业和整个国民经济的发展提供粮食和农副产品等基本生活资料；农业为工业的发展提供原材料，为中国对外贸易提供出口商品；农业的发展能为国民经济其他部门发展提供劳动力；农业的发展为经济建设提供最广大和最可靠的市场；农业是经济建设资金积累的重要来源。农业也是社会稳定、国家自立的基础。只有农村经济的全面发展和农业生产的稳定增长，才能切实提高广大农民群众的生活水平，为整个国民经济长期既快又好、协调发展奠定坚实的基础。因此，加强农业建设和实现农业生产稳定增长，是经济发展、社会安定、国家自立的基础，是关系到国家长治久安的重大问题。

中国"十五"计划《纲要》指出，农业、农村和农民问题是关系改革开放和现代化建设全局的重大问题。要始终把农业放在国民经济的首位，要把全面贯彻党在农村的基本政策，加强农业基础地位和增加农民收入，作为经济工作的首要任务，着重抓好以下几项工作：

一是加快农业和农村经济结构调整。农业和农村经济结构调整，要面向市场，依靠科学，以农户和农业产业化经营企业为主体，不断向生产的广度和深度进军。这是提高农业经济效益，增加农民收入的根本途径。

二是积极推进农村各项改革。加快农村土地制度法制化建设，长期稳定以家庭联产承包经营为基础、统分结合的双层经营体制。在长期稳定土地承包关系的基础上，鼓励有条件的地区积极探索土地经营权流转制度改革；继续深化粮食流通体制市场取向的改革；全面推进农村税费改革，转变乡镇政府职能，精简乡镇机构和人员；继续深入农村金融改革，积极探索适应农村经济发展要求的农村金融体系；深化农村科技体制改革，加大农业科技投入，加强以农业科技成果推广为重点的科技服务体系建设。

三是加强农业和农村基础设施建设，大力推进农村教育、卫生事业的发展，加强农村社会保障体系建设，切实改善农村生产、生活和市场条件。

四是继续搞好农村扶贫工作。

二、调整工业结构，走新型工业化道路

第二产业是国民经济的重要组成部分，起着主导作用。因此，要坚持以市场为导向，以企业为主体，以技术进步为支撑，突出重点，有进有退，努力提高中国工业的整体素质和国际竞争力。

（一）加强基础工业和基础设施建设

能源、交通等基础工业和基础设施是国民经济的命脉，是现代生产力发展的基本物质条件。能源是经济发展的血液，是现代生产力发展的基本物质条件，现代经济更是离不开交通和通讯。中国长期以来，能源短缺，交通运输能力不足，通讯落后，成为国民经济发展的瓶颈，严重阻碍着国民经济的发展。邓小平十分重视能源、交通等基础工业和基础设施的发展，他指出："我赞成加强基础工业和农业。基础工业，无非是原材料工业、交通、能源等，要加强这方面的投资，要坚持十到二十年，宁肯欠债，也要加强。"加快基础工业和基础设施的开发与建设，要统筹规划，合理布局，突出重点，兼顾一般，着重抓住以下重要环节：集中必要的力量，高质量、高效率地

建设一批重点骨干工程；实行必要投资倾斜政策，固定资产投资的重点应当放在加强基础设施和基础工业，以及现有企业的技术改造和改建扩建上，尤其要重视老工业基地和大型骨干企业的技术改造；高度重视节约能源、原材料，提高资源的利用效率。

（二）振兴支柱产业，增强国际竞争能力

党的十五大根据中国国民经济的发展现状，提出要大力振兴机械、电子、石油化工、汽车制造和建筑业，使它们成为国民经济的支柱产业。这些产业一般技术含量高、附加值大，并有大批产前和产后的关联产业。发展支柱产业具有重要意义：可以为国民经济提供先进的技术装备，提高国民经济的素质；可以满足人民的物质生活需要，提高人民的生活质量；可以带动一大批关联产业的发展，推动整个国民经济的发展，增强国际竞争能力。支柱产业的发展，必须确定目标，择优扶持，集中力量，注重提高，加强自主开发能力，形成经济规模，提高产品附加值和市场占有率。

（三）发展高新技术产业，以信息化带动工业化

江泽民在党的十六大报告中指出："信息化是我国加快实

现工业化和现代化的必然选择。坚持以信息化带动工业化，以工业化促进信息化，走出一条科技含量高、经济效益好、环境污染少、人力资源优势得到充分发挥的新型工业化路子。"这是我国在本世纪头二十年全面建设小康社会的基本任务。

信息化与工业化是相互融合在一起的，二者具有内在的联系。

首先，工业化是信息化的物质基础和需求之源，是新经济发展的条件，没有工业化，信息化就失去了支撑，成为无源之水。因为工业的基础和源泉在农业，而第三产业的基础又在工业和农业，同样，信息和知识产业生长的基础在于工业、农业和第三产业。因此，在发展中国家，如果不首先实现工业化，就不可能实现真正的信息化和现代化。

其次，信息化是工业化的最新发展阶段和动力。在当今经济全球化的时代，信息技术已成为各个产业竞争力的基本支撑。不论是现代的工业、农业还是第三产业，都离不开信息技术。中国是发展中国家，应在继续推进工业化的同时，必须大力推进信息化，将二者紧密地结合起来，以工业化培育和推动信息化，以信息化带动和促进工业化，特别是要紧紧抓住新技术革命的历史机遇，从实际出发，有选择地加快信息技术、生物工程和新材料等高新技术产业发展。重点支持建设高速宽带信息网络、关键集成电路、新型运载火箭等重大高技术工程，形成中国高新技术产业的群体优势和局部强势。加快发展信息产品制造业，提高自主开发能力和系统集成能力。加强信息基础设施建设。要在全社会广泛应用信息技术，把工业化和信息化更好地结合起来。

实现信息化和工业化对国民经济发展有着重要意义：有利于引导经济结构调整，促进产业结构优化；有利于节约劳动消耗，降低生产成本，提高产品质量和经济效益；有利于促进企业组织重组，保证企业管理决策实施；有利于避免完全重复其他国家技术发展走过的老路，使某些生产部门跳跃式地前进，加速现代化进程。

三、大力发展第三产业，促进产业结构合理化发展

相对于第一、二产业的发展而言，中国第三产业的发展滞后。重视第一、二产业的发展，忽略第三产业，致使第三产业

的发展严重落后于第一、二产业,是以苏联为代表的社会主义计划经济的特征。长期以来,中国也主要依靠第二产业带动经济增长(所谓"无工不富"),但随着第三产业比例的增加,这一局面正在逐渐改变,以第二产业、第三产业为主共同带动经济增长的新格局正在形成。"九五"期间,第三产业在国民经济中的比重逐年提高,增加值年均增长8.1%。到2001年,第三产业增加值占国内生产总值比重达到33.6%。

(一)中国大力发展第三产业具有重要作用

第一,能提高经济效益和效率,促进国民经济快速发展。目前,中国第三产业服务品种少、手段落后、领域狭小,传统服务业比重过高,现代服务业发展明显滞后。因此,必须大力发展服务业,尤其是现代服务业。对于交通运输业、金融保险业、邮电通信业、教育、科研技术服务和公用事业、医疗卫生等部门,只有当作产业对待,准许民间资本进入,投资率很快就会上升,多年来有效需求不足的问题便会得到解决,从而提高经济效益和效率,促进国民经济快速发展,人民生活方式和水平也都会有极大幅度的提高。

第二,能有效吸纳劳动力就业,加快城镇化进程。中国来自农村和城市两方面的就业压力大，而每年新增的就业岗位远远不足。第三产业在吸纳劳动力就业方面有着第一、二产业不可比拟的优势。"九五"期间，服务业新增就业2 715万人，占全国同期新增就业的85%。今后，城镇化的进程使中国将面临着更大的就业压力。因此，发展服务业对缓解就业压力、保持社会稳定具有决定性意义。

第三，对国内生产总值有较强的拉动作用。按现价计算，第三产业对经济增长的贡献率已经提高到了40%，呈现出与工业并驾齐驱的态势。受市场需求制约，农业近期很难快速增长，工业增长的空间也会受到很大限制，国民经济的增长将越来越倚重于第三产业的带动。

由于国家坚持巩固和加强第一产业，提高和改造第二产业，积极发展第三产业的政策，已经使中国三次产业结构日趋协调，逐渐向着合理化的方向发展。据统计，2001年三次产业增加值在国内生产总值中的比重，由1990年的27.1：41.6：31.3调整为15.2：51.1：33.6。第一产业降低了11.9个百分点，第二产业、第三产业分别提高了9.5和2.3个百分点。当前，促进产业结构不断优化升级仍然是经济工作的一项重要内容。十六大根据世界经济科技发展新趋势和走新型工业化道路的要求，针对中国经济建设中存在的突出问题，作出了推进产业结构优化升级的部署，即形成以高新技术产业为先导、基础产业和制造业为支撑、服务业全面发展的产业格局，为推动工业化、现代化，促进产业结构优化升级指明了方向。

（二）第三产业的兴旺和发达，是现代化经济的重要特征

第三产业占国民生产总值的比重是衡量一个国家经济社会发达程度和现代化水平的一个重要标志。目前发达国家的第三产业增加值占国内生产总值的比重和第三产业就业人数占社会劳动者的比重都超过60%，中等发达国家这两个比重也都达到50%左右，一般发展中国家也占35%左右。改革开放以后，中国第三产业有了较快发展，但是在总体上仍然相当落后。2000年中国第三产业增加值占国内生产总值的比重为33%，第三产业就业人数占社会劳动的比重为27%，低于一般发展中国家。

（三）加快发展第三产业

加快发展现代服务业，提高第三产业在国民经济中的比重，是中国当前面临的一项重要而又十分紧迫的任务。

第一，发展第三产业是经济结构调整和产业结构升级的需

要。产业结构调整特别是第一、第二、第三产业结构关系的调整，是"十五"时期经济结构调整的重点。发展第三产业，提高服务业在GDP中的比重，是产业结构调整的题中之义，是产业结构升级的必然要求。另一方面，第一、第二产业内部结构的调整也离不开第三产业的发展。如农业结构调整，既需要政策支持，又需要各种服务，如技术服务、信息服务等。在相当长的时期内，以家庭为单位的农业生产经营方式将继续存在。在农产品市场逐步开放、需求变化万端的情况下，没有中介组织的高度发达，没有农户与市场之间联系纽带，农业产业结构调整不可能顺利进行。还如，在工业和农业结构调整过程中，将分离出大量的富余劳动力。只有为这些劳动力提供新的就业机会，结构调整才能顺利进行。第三产业的加快发展，有可能为之提供大量的就业机会。

第二，发展第三产业是缓解就业压力的需要。第三产业已成为吸纳就业的主要渠道。1990年至1999年，第三产业新增就业7 160万人，相当于吸收了同期6 680万的全部新增劳动力和480万其他产业转移出来的劳动力，平均每年吸收就业近800万，是工业和建筑业的2.8倍。2001年第三产业就业人口达

2.228亿人。"十五"期间我国每年新增劳动年龄人口将达到1 100万人，按73%的劳动参与率测算，每年需要安置800多万人就业，总量超过了"九五"时期。由结构调整和国有企业改革导致的部分职工的下岗分流，城市化的推进和农村劳动力的非农转移，都使得"十五"时期就业压力大大超过"九五"时期。发展第三产业，对缓解就业压力具有重要意义。

第三，发展第三产业是经济体制转轨的需要。中国的经济体制正处在计划经济向市场经济转轨的阶段。在体制转轨过程中，随着政企、企业事业的分开，以及企事业单位后勤服务系统改革的推进，一些过去由政府承担的经济职能（如资质认证）、企业承担的社会职能（如义务教育、医疗保健等）将逐步分离。这些职能的分离，客观上需要第三产业的加快发展。另外，还应看到，市场中介（如会计师事务所、法律事务所、广告公司等）及其服务是市场经济健康运行不可或缺的基本要素。没有发达的市场中介，便没有发达的市场经济。1998年，在经济合作与发展组织（OECD）国家中，金融、保险、房地产和经营服务的增加值占GDP的比重已达到22.2%，同年中国金融、保险和房地产的增加值占GDP的比重为8.3%。而2000

年只有7.8%。

第四，发展第三产业是改善居民生活质量的需要。不断提高城乡居民的物质和文化生活水平，是发展经济的根本出发点和归宿。在温饱问题基本解决、人民生活水平总体进入小康后，城乡居民对教育、文化、旅游、医疗保健以及住房、出行条件等生活服务的需求越来越迫切。20世纪90年代以来，中国城镇居民服务消费支出占消费总支出的比重，由1992年的13.7%增长到1999年的25.9%，每年提高1.7个百分点，物质产品消费支出比重呈较明显的下降趋势，这种趋势还将继续发展下去。为了更好地满足人民的消费需求，提高居民生活质量，必须发展第三产业。

第五，发展第三产业是提高国际竞争力的需要。中国已加入世界贸易组织。中国各产业长期在高度保护下生长，竞争力较弱，面对激烈的国际竞争，只有提高自身的竞争能力，才能生存和发展。第三产业的快速发展，将为第一、第二产业提供更好、更多的服务，从而增强这些产业的竞争能力。目前，互联网正在成为决定国际竞争力的关键因素，而互联网基本上是服务驱动型或知识密集型产业。互联网产业的发展依靠信息和技术的充分可获得性，其获取信息的技术支持速度快、成本低，可充分激励管理环境竞争发展和完善风险投资体系。信息产业的发展一方面为其他产业提供了越来越广泛的服务，另一方面也创造着对其他服务的需求和对制造业的需求。如由于许多部门（银行、电信、贸易等）对信息通讯技术设备的依赖越来越强，对信息通讯技术设备的投资必然增加，从而带动相关产业的发展，第三产业的发展也是高新技术发展的动力。

第二节　城镇化道路

实施城镇化战略，促进城乡共同发展。农业、农村和农民问题是关系改革开放和现代化建设全局的重大问题。在今后一个时期，中国全面建设小康社会，重点在农村，难点也在农村，潜力在农村，希望也在农村。邓小平曾指出，没有农民的小康就没有全国的小康。江泽民进一步指出，没有农村的稳定和全面进步，就不可能有整个社会的稳定和全面进步；没有农民的小康，就不可能有全国人民的小康；没有农业的现代化，就不可能有整个国民经济的现代化。因此，统筹城乡经济社会发展，建设现代农业，发展农村经济，增加农民收入，也是全面建设小康社会的重大任务。

坚持党在农村的基本政策，长期稳定并不断完善以家庭承包经营为基础、统分结合的双层经营体制。同时，有条件的地区可以积极探索土地经营权流转制度改革，按照依法、自愿、有偿的原则进行土地承包经营权流转，逐步发展规模经营。根据粮食生产和流通的新情况，继续深化粮食流通体制改革。在适当扩大中央储备粮规模的同时，粮食主销区要加快粮食流通市场化进程，通过与粮食主产区建立长期稳定的购销关系，以及中央储备粮的轮换与调控，保证粮食需要。推进农村税费制度改革，取消乡统筹、村提留和其他面向农民征收的一切行政性收费，调整农业税和农业特产税政策，减轻农民负担，保护农民利益。继续深化农村金融改革，积极探索适应农村经济发展要求的农村金融体系。因地制宜加快农村信用社管理体制改革。加大对农业的投入和支持，继续搞好农村扶贫工作。继续加强农业基础设施建设。

加强农业的基础地位，大力推进农业和农村经济结构调整，积极推进农业产业化和市场化经营是提高农业经济效益，增加农民收入的根本途径。通过调整农业结构，让农民与市场紧密相连。按照区域化布局的要求，整合现有资源，增强各地特色，逐步形成大规模、高效益的优势农产品产业带。在切实保护耕地，稳定粮食生产能力的同时，以优化品种、提高质量、增加效益为中心，积极调整种植业结构，加快发展畜牧业、林业、水产业。积极推进农业产业化经营是增加农民收入的关键。应扶持龙头企业，努力把龙头企业做大做强，增强其辐射带动能力，形成群体优势，推广"公司加农户"、"订单农业"等多种形式，发展农产品加工、储运、保鲜等产业，提高农业的后续效益。实行农业产业化经营，其基本内涵就是以市场为导向，以经济效益为中心，依靠科技进步，对农业和农村经济实行专业化生产、一体化经营、社会化服务、企业化管理，逐步形成产、供、销一条龙和贸、工、农一体化的经营方式，通过规模经营使农民增收致富。同时，健全农产品质量安全体系，增强农业的市场竞争力，改善农业的投资环境，以实现农业的可持续发展。

农村富余劳动力向非农产业和城镇转移，是工业化和现代化的必然趋势。根据国际经验，发达国家在人均国内生产总值达到3 000美元以后才会出现买方市场，而中国2001年人均不到900美元就出现了工农业产品低水平过剩，其中很重要的原因是占人口人数一半以上的农民收入低，农村市场不活跃。农民收入上不去，最根本的原因是城乡二元经济结构，城镇化严重滞后于工业化。因此，解决三农问题，必须城乡统筹考虑，加快推进城镇化。坚持实施城镇化战略，逐步提高城镇化水平，必须坚持大中小城市和小城镇协调发展，走中国特色的城镇化道路。发展小城镇要以现有的县城和有条件的建制镇为基础，科学规划，合理布局，同发展乡镇企业和农村服务业结合起来。消除不利于城镇化发展的体制和政策障碍，引导农村劳动力合理有序流动。支持农民进城务工就业，清理和纠正对农民工的歧视性政策和乱收费，保护他们的合法权益，同时加强引导和管理。积极发展乡镇企业，引导乡镇企业加强经营管理，加快技术进步，提高产品质量，根据市场变化调整产品结构，利用农村劳动力和农副产品资源丰富的优势，发展农副产品加工业。

改革开放以来，随着农村非农产业的快速发展，小城镇迅速崛起，成为带动农村经济繁荣和推动城镇化进程的重要力量，发挥着农村地域性经济、文化及各种社会化服务中心的作用。1978年到2000年，城市数量由193个增加到663个，建制镇由2173个增加到20 312个，城镇总人口由1.7亿人增加到4.56亿人，占全国总人口的比重由17.9%提高到36.1%。党的十六大报告中指出："农村富余劳动力向非农产业和城镇转移，是工业化和现代化的必然趋势。要逐步提高城镇化水平，坚持大中小城市和小城镇协调发展，走中国特色的城镇化道路。"当前，中国城乡二元经济结构矛盾突出，城镇化滞后于工业化、现代化进程，已成为现阶段经济、社会发展的严重障碍。因此，积极稳妥地推进城镇化，既是中国现代化建设必须完成的历史任务，也是经济结构战略性调整的重要任务，是优化城乡结构，促进国民经济良性循环和社会协调发展的重大举措。

实施城镇化战略，促进城乡共同发展，对于全面建设小康社会具有重大意义：有利于加快农村富余劳动力转移，增加农民收入，缩小城乡差距；有利于拓展第三产业发展空间，创造更多的就业岗位，缓解就业压力；有利于扩大国内需求，为经济发展提供广阔的市场和持久的动力；有利于优化资源配置，提高效率，增强国家整体竞争力；有利于控制人口增长，保护资源和生态环境，促进经济社会可持续发展。推进城镇化，对提高人民生活质量和人口素质，促进社会文明进步，也具有重要作用。

推进城镇化，要遵循客观规律，与经济发展水平和市场发育程度相适应，走符合中国国情、大中小城市和小城镇协调发展的多样化城镇化道路，逐步形成合理的城镇体系。其总体要求是：

第一，突出重点，积极引导小城镇健康发展。当前中国现代化所面临的一个突出问题是农村剩余劳动力的转移。就此而言，小城镇是吸纳能力最强、发展潜力最大的区域，是推进中国城镇化的重要途径。

第二，发挥潜力，走集约式的城镇化道路。正确处理城镇化与保护耕地的关系，充分挖掘城镇现有潜力，发挥规模效益，提高资源配置效率。

第三，创新体制，依靠市场机制推进城镇化。要按照完善社会主义市场经济体制的改革方向，逐步打破城乡分割体制，更新观念，大胆改革，勇于创新，逐步形成城镇化健康发展的体制和政策环境。

第四，统筹兼顾，促进城乡协调发展。推进城镇化，不能削弱农业的基础地位，不能违背农民意愿。既要促进人口向城镇有序转移，又要防止人口过度聚集的"城市病"；既要支持农村面向城镇调整结构，开辟市场，又要鼓励城镇加强对农村的辐射。要形成人口和生产要素在城乡间有序流动的机制，实现城乡经济社会共同进步。

第五，科学规划，调整和优化城镇体系。推进城镇化必须统揽全局，因地制宜，优化布局。要完善各类城镇规划及相关规划，强化规划的法律地位和权威。防止城镇建设中不切实际的形式主义和盲目攀比。

第六，着眼未来，增强可持续发展能力。推进城镇化，要重视保护资源和生态，搞好环境建设。加强历史文化遗产保护，丰富城镇文化内涵，建设和发展各具特色的城镇，促进城镇化与资源、环境、生态的协调发展。

第三节 可持续发展道路

20世纪后半期，在日显突出的人口激增、资源短缺、生态危机等严酷的现实面前,在大自然的无情报复和惩罚面前,人类终于对自己过去那种对自然资源肆无忌惮的掠夺与过度开发使用进行了深刻的反思,从而提出了一些全新的发展思路。实施经济发展与人口、资源、环境的可持续发展战略。

一、可持续发展的定义

1987年世界环境与发展委员会提出了长篇专题报告《我们共同的未来》,1989年第十五届联合国环境署理事会通过了《关于可持续发展的声明》,对可持续发展作了定义:可持续发展是指既满足当代人的需要,同时又不削弱子孙后代满足其需要之能力的发展,而且决不包含侵犯国家主权的含义。

可持续发展的核心思想是:健康的经济发展应该建立在生态可持续发展能力、社会公正和人民积极参与自身发展决策的基础上。所追求的目标是:既要使人类的各种需要得到满足,个人得到充分发展,又要保护资源和生态环境,不对后人的生存和发展构成威胁。

1992年在巴西的里约热内卢召开的联合国环境与发展大会,通过了全球《21世纪议程》等文件,确定了将可持续发展作为人类社会的共同战略。从此，可持续发展问题受到世界各国政府的重视。

二、中国的可持续发展思想

中国作为一个发展中的国家，经过建国以来几十年的发展，尤其是实行改革开放三十多年的发展，经济建设和社会进步都取得了重大成就。但中国仍是一个人口众多、自然资源短缺、经济基础和技术能力还非常薄弱的国家。随着人口的增长、经济的发展和人们消费水平的不断提高，使本来就短缺的自然资源和脆弱的环境面临着越来越大的压力。因此，实行可持续发展对中国有着更为重要的意义。

邓小平探索建设中国特色社会主义理论，已经蕴涵着丰富的可持续发展思想。他十分重视经济建设与人口、资源、环境相协调，提出要采取有力步骤，使发展能够持续、有后劲。他认为人口问题是个战略问题，要很好控制，而劳动者的素质又是决定中国发展后劲的关键。他多次强调中国能源和其他资源紧张的问题，要求各单位合理利用，节约使用；他还十分重视生态环境问题，是中国全民义务植树的倡导者和参加者，并号召全国人民"植树造林,绿化祖国,造福后代"。

进入20世纪90年代,以江泽民为核心的中国共产党领导集体进一步明确提出可持续发展的目标。在1992年6月联合国里约热内卢"环境与发展"会议之后,中国政府就组织有关专家,抓紧时间研究制定了中国的可持续发展战略。1994年年初,中国率先编制出世界上第一部国家级的可持续发展战略文本:《中国21世纪议程——中国21世纪人口、环境与发展白皮书》。同年7月在北京召开了"中国21世纪议程高级国际圆桌会议",在这次会议上宣布了中国国务院所作出的决定:《中国21世纪议程》将作为编制中国国民经济和社会发展中长期计划的一个重要指导性文件,并将其基本思想和内容,在"九五"计划和2010年远景发展目标中得到具体体现。1995年9月党的十四届五中全会提出:"在现代化建设中,必须把可持续发展作为一个重大战略。要把控制人口、节约资源、保护环境放到重要位置。使人口增长与社会生产力的发展相适应,使经济建设与资源环境相协调,实现良性循环。"这就标志着中国可持续发展战略的正式提出和实施。党的十五大报告作为跨世纪的纲领性文件,再次重申:"我国是人口众多、资源相对不足的国家，在现代化建设中必须实施可持续发展战略。"

党的十六大报告进一步指出，必须把可持续发展放在十分突出的地位，坚持计划生育、保护环境和保护资源的基本国策。不断增强可持续发展能力，改善生态环境，提高资源利用效率，促进人与自然的和谐，推动整个社会走向生产发展、生活富裕、生态良好的文明发展道路。

三、中国的可持续发展战略

中国选择可持续发展是历史的必然，坚持经济发展与人口、资源、环境相协调，也是现代人对子孙后代应当承担的义不容辞的重大历史责任。20世纪90年代以来，通过实施可持续发展战略，促进了国民经济的持续、快速、健康发展。10年来，中国国内生产总值增长了1.58倍。在经济持续快速发展和人民生活水平不断提高的同时，人口过快增长的势头得到控制，自然资源保护与管理得到加强，环境污染治理和生态建设步伐加快，部分城市和地区环境质量有较大改善。中国的社会经济发展虽然取得了巨大成就，但中国仍然是发展中国家，经济发展还没有摆脱粗放型增长方式，人口、资源、环境的压力始终存在，为经济增长也付出了沉重的代价。中国的人口占世界人口总数的22%，而耕地只占世界耕地的7%，且耕地面积在逐年递减；全国500个城市中有300个是缺水城市，其中四十多个城市严重缺水；中国人均占有林木仅为世界人均的1.3%。至于中国的生态环境恶化和污染不断加剧的严重状况，已经成为制约中国经济发展和危害人们健康的重要因素。这些实际情况一再表明，实施可持续发展战略尤为重要，势在必行。

要依据自己的国情，正确把握经济发展与人口、资源、环境相协调的可持续发展战略方针，并将这一方针落实到各项工作中去。第一，实施环境保护与治理并举的战略方针。环境保护是人类面临的一个重要问题。中国在现代化建设中，要吸取其他国家发展经济的经验教训，要把改善生态、保护环境作为经济发展和提高人民生活质量的重要内容，加强生态建设，遏制生态恶化，加大环境保护和治理力度，提高城乡环境质量。第二，坚持计划生育的基本国策，严格执行控制人口增长和提高人口素质相结合的方针。中国人口数量大，人口与资源、人口与经济增长的矛盾十分突出，这给人民生活水平的提高和人均国民生产总值的增长，都带来了很大压力。随着中国劳动生产率的提高，就业问题将会更加突出。中国人口文化素质相对比较低，文盲和半文盲还占一定比例。人口问题是制约中国经济社会发展和人民生活水平提高的重要因素。因此，必须坚定不移地执行计划生育这一基本国策。第三，实施资源开发与节约并重的战略方针。要把节约放在首位，提高资源利用率，实现永续利用。这对于改善环境、提高经济效益、实现经济集约型增长和可持续发展，具有重要意义。应采取有效的措施：一是合理开发资源、充分利用和保护自然资源，特别是要搞好资源的综合利用；二是要完善资源保护和利用的法律法规，强化执法监督；三是实施资源有偿使用制度。

第四节 区域经济协调发展

一、实现区域经济协调

（一）中国区域经济发展不平衡

中国是一个人口众多，地域广阔的国家，各个地区由于自然条件、经济基础、资源状况等差异导致地区间经济发展很不平衡。按照各地区经济条件和状况，中国分为东部地区、中部地区和西部地区（由于中部和西部都同属于经济较不发达地区，有时也统称为中西部地区）。东西差距的存在和近年来差距的逐步拉大，已经成为中国区域经济协调发展的重大阻碍。

由于自然条件、地理环境、历史文化背景以及经济发展水平和交通运输条件的差异，中国经济发展存在着三个不同层次的地带：东部沿海经济比较发达地区、中部经济次发达地区、西部经济不发达地区。而且这种经济发展不平衡还在继续扩大。对此，应以历史的、辨证的观点来认识和处理这个问题。地区间发展不平衡是中国长期历史发展遗留下来的现象，要消除这种现象需要一个长期的过程。同时，消除这种不平衡也不能理解为各地区齐头并进地发展，更不是让经济比较发达的地区停下来，等待不发达地区赶上，以实现平衡。

如何充分发挥各地优势，加快区域经济合理布局与协调发展是中国经济社会发展的一个重要问题。处理得好，不仅有利于促进共同繁荣，缩小东西部差距，使全国经济协调发展，而且有利于解决中国少数民族问题，加强民族团结。实现国民经济的协调发展，要建立合理的区域经济结构。

（二）区域经济协调发展的战略思想

区域经济结构，是指国民经济中各个地区之间的发展关系和结合状况。优化区域经济结构，就是要求生产要素在各个地区之间合理配置，使各个地区在国民经济整体活动中，能够充分发挥各自的特点和优势，并互相补充，相互配合，共同协调一致地发展。

地区间的经济发展不平衡是各个大国经济发展进程中的普遍现象。中国地域辽阔，由于自然状况和历史原因，各地区资源分布和经济条件差异很大，经济发展很不平衡。如何处理好区域间发展的问题，如何充分发挥各地优势，加快地区经济发展，促进全国经济合理布局，意义十分重大。

区域经济协调发展，是中国国民经济健康发展的重要保证；是实现全国经济布局合理化的途径；是最终实现共同富裕的必不可少的条件；是维护国家统一和民族团结的重要条件；也是实现资源优化配置的客观要求。

建国后的很长一段时间，由于考虑到"冷战"时期的需要，国家的发展战略重点在中西部地区，投资向这些地区倾斜，还要求沿海发达地区上交比例较高的财政收入，对中西部财政入不敷出的欠发达地区给以财政补贴。到"三五"期间，投资向西移倾斜的比例达到64.7%。一直到1980年的30年时间中，国家将一半以上的基建投资投入到西部和中部地区，从而使东、西部地区的工业布局发生了较大变化。但是由于中西部地区经济基础薄弱，倾斜的政策和投资并没能取得相应的成效，中西部地区仍然是经济不发达的地区。

（三）邓小平的区域经济发展战略构想

20世纪80年代，特别是改革开放后，邓小平深刻总结了历史的经验教训，提出了地区经济梯次推进的战略思想。中国东部沿海地区经济基础较好，交通和地理环境也较优越，应该充分利用有利条件，先发展起来。邓小平说："沿海地区要加快对外开放，使这个拥有2亿人口的广大地带较快地先发展起来，从而带动内地更好地发展，这是一个事关大局的问题。内地要顾全这个大局。"使沿海地区先发展起来，目的是为了更好地促进全国经济的发展。因此，邓小平同时指出："反过来，发展到一定的时候，又要求沿海拿出更多力量来帮助内地发展，这也是个大局。那时沿海也要服从这个大局。"①

他认为，在达到小康水平的时候，发达地区要继续发展，并通过多交税和技术转让等方式大力支持不发达地区，以逐步顺利地解决沿海同内地贫富差距的问题。于是，中央基本建设投资开始向东部沿海地区倾斜，并在这一地区率先实行了开放政策。资金、人才、技术等重要生产要素迅速流向沿海地区。20年间，中国东部迅速崛起，成为经济发展最快、最富有活力的地区。

（四）"西部大开发"战略

仅仅东部发达并不是社会主义的目的，更重要追求的是全社会的共同增长。"九五"开始后，中央提出了支持中西部地区发展的一系列有力措施，加大扶贫力度，仅1999年中央扶贫资金总量就达到248亿元。进入"十五"，中央实施了西部地区大开发战略。国家重点建设项目投资也以中西部为主，基建投资的2/3都投向了中西部地区。

十六大提出要把积极推进西部大开发、促进区域经济的协调发展，作为今后20年必须集中力量抓好的重大问题，充分

---

① 《邓小平文选》第3卷，人民出版社1993年版，第277—278页。

体现了邓小平"两个大局"的战略构想和江泽民关于地区经济发展的一系列重要指示精神，具有重大的经济、政治和社会意义。积极推进西部大开发，协调发展区域经济。在改革开放不断深化，中国国民经济持续快速健康发展的条件下，根据邓小平区域经济协调发展的战略思想，党的十五大明确提出，要促进地区经济合理布局和协调发展。并确定了地区经济布局和协调发展的原则，即：统筹兼顾、因地制宜、发挥优势、分工合作、协调发展。

根据这一原则，要正确处理全国经济发展与地区经济发展的关系，正确处理发展区域经济与发挥各省区市经济积极性的关系，正确处理地区与地区之间的关系。各地区要在国家规划和产业政策的指导下，选择适合本地条件的发展重点和优势产业，避免地区产业结构趋同化，促进各地经济在更高的起点上向前发展，积极推动地区间优势互补、合理交换和经济联合。

实施西部大开发，是以江泽民为核心的中央领导集体高瞻远瞩，总揽全局，审时度势，为进一步推进中国现代化建设而作出的重大战略决策。2000年1月，党中央对实施西部大开发战略提出了明确要求，国务院成立了西部地区开发领导小组，实施西部大开发战略拉开了序幕。

实施西部大开发战略，关系全国发展的大局，关系民族团结和边疆稳定。西部地区要进一步解放思想，增强自我发展能力，在改革开放中走出一条加快发展的新路。中部地区要加大结构调整力度，推进农业产业化，改造传统产业，培育新的经济增长点。东部地区要加快产业结构升级，发展高新技术产业和高附加值加工制造业，进一步发展外向型经济。

实施西部大开发战略，是贯彻"三个代表"重要思想的伟大实践，是确保现代化建设战略目标实现的重大部署，是促进各民族共同发展和富裕的重要举措，是保障边疆巩固和国家安全的必要措施。

实施西部大开发战略，有利于推动经济结构的战略性调整，促进地区经济协调发展；有利于改善全国的生态状况，为可持续发展创造更好的条件；有利于进一步扩大国内需求和对外开放，具有重大的经济、社会和政治意义。

二、协调东西部经济，实现可持续发展

东部地区要在体制创新、科技创新、对外开放和经济发

展中继续走在前列,有条件的地方争取率先基本实现现代化。西部大开发要坚持从实际出发,积极进取、量力而行,统筹规划、科学论证,突出重点、分步实施。21世纪头十年,要力争使西部地区基础设施和生态环境建设有突破性进展,科技、教育有较大发展。

要开拓新思路,采用新机制,着力改善投资环境,扩大开放,大力发展多种所有制经济,积极吸引社会资金和外资参与西部开发和建设。

要加快少数民族地区经济与社会全面发展,人民生活进一步改善。促进西部边疆地区与周边国家和地区开展经济技术与贸易合作,逐步形成优势互补、互惠互利的国际区域合作新格局。

要充分发挥中部地区承东启西、纵贯南北的区位优势和综合资源优势,加快发展步伐,提高工业化和城镇化水平。巩固农业的优势地位,大力发展农业产业化经营,形成区域性、专业化、大规模的农产品生产、流通和加工基地。加快调整工业结构,改造传统产业,建设能源基地,发展有竞争力的制造业和高新技术产业,大力发展服务业。搞好大江大河大湖治理,继续加强交通、通信、仓储等基础设施建设和生态环境建设。以长江、陇海、京广、京九、京哈等沿线地区为重点，壮大沿线城市规模，充实中心城市，积极培育新的经济增长点和经济。

要打破行政分割，重塑市场经济条件下的新型区域经济关系。改变追求经济门类齐全的做法，发挥比较优势，发展有市场竞争优势的产业和产品，防止结构趋同。通过区域规划和政策，引导和调动地方的积极性，形成各具特色的区域经济。做到利益兼顾，共同富裕，促使国民经济健康、协调地发展。

第五节　科教兴国与人才强国战略

一、"科学技术是第一生产力"的提出

（一）马克思提出科学技术是生产力

一百多年前，在研究了资本主义近代工业发展以后，马克思和恩格斯提出了科学技术是生产力的论断。在他们看来，

科学技术是一种潜在的生产力，"大工业把巨大的自然力和自然科学并入生产过程，必然大大提高劳动生产率，这一点是一目了然的"①。在马克思墓前，恩格斯也曾提到"在马克思看来，科学是一种在历史上起推动作用的革命力量"这一经典论断，为科学在历史发展中的角色和地位进行了准确的定位。

（二）邓小平提出"科学技术是第一生产力"

第二次世界大战以后，世界政治经济呈现出新的特点，科学技术也发挥着越来越重要的作用。1975年邓小平在继承马克思主义关于科学技术思想的基础上，用"科学技术是生产力"的观点批评"文革"对科技工作的破坏和对科技人员的打击。在听取胡耀邦汇报中国科学院工作时，他指出："科学技术叫生产力，科技人员就是劳动者"②。1978年，在全国科学技术大会开幕式上邓小平说，"现代科学技术的发展，使科学与生产的关系越来越密切了。科学技术作为生产力，越来越显示出巨大的作用"，并且强调"科学技术是生产力，这是马克思主义历来的观点"。同时，邓小平认为，

---

① 《马克思恩格斯全集》第23卷，人民出版社1972年版，第424页。
② 《邓小平文选》第2卷，人民出版社1994年版，第34页。

"当代的自然科学正以空前的规模和速度,应用于生产,使社会物质生产的各个领域面貌一新。特别是由于电子计算机、控制论和自动化技术的发展,正在迅速提高生产自动化的程度。同样数量的劳动力,在同样的劳动时间里,可以生产出比过去多几十倍几百倍的产品。社会生产力这样巨大的发展,劳动生产率有这样大幅度的提高,靠的是什么?最主要的是靠科学的力量、技术的力量。"最后,进一步提出"四个现代化,关键是科学技术的现代化"[①]。"科学技术是第一生产力"的论断呼之欲出。

20世纪80年代以后,科技革命把科学技术在生产力诸要素中的地位推到了第一位。新的工业、新的材料、新的工艺大量涌现。邓小平对世界的科技发展予以了极大的关注,要求中国科技界在高科技领域必须有所作为,还亲自为北京正负电子对撞机国家实验室奠基。当欧洲的一位科学家问邓小平:"你们现在经济并不发达,为什么要搞这个东西?"邓小平回答说,这是从长远发展的利益着眼,不能只看到眼前。四年后,当北京正负电子对撞机实验室建造成功时,他又来到这里仔细参

[①]《邓小平文选》第2卷,人民出版社1994年版,第86页。

观。1988年9月，84岁高龄的邓小平在会见当时的捷克斯洛伐克总统胡萨克时说："马克思说过，科学技术是生产力，事实证明这话讲得很对。依我看，科学技术是第一生产力。"[1]9月12日，在听取关于价格和工资改革初步方案汇报时，他进一步指出："马克思讲过科学技术是生产力，这是非常正确的，现在看来这样说可能不够，恐怕是第一生产力。"[2]

二、"科学技术是第一生产力"的内涵

邓小平提出"科学技术是第一生产力"的科学论断，是对马克思主义关于"科学技术是生产力"观点的继承和发展，揭示了科学在当代社会经济发展中产生的重大作用，为中国发展科技事业、制定科教兴国战略提供了重要的理论依据，具有重大的理论和现实意义。

科学技术是第一生产力，是先进生产力的集中体现和主要标志。科学技术是生产力是马克思主义的一个基本观点。邓小平坚持和发展了马克思主义这一观点，提出了科学技术是第一

---

[1]《邓小平文选》第3卷，人民出版社1993年版，第274页。
[2]《邓小平文选》第3卷，人民出版社1993年版，第275页。

生产力，并对这一论断作了透彻的论证。

科学技术是第一生产力，是先进生产力的集中体现。邓小平"科学技术是第一生产力"的思想包含着丰富的内涵：

第一，科学技术成为生产力诸要素中主要的推动力量。生产力的要素主要包括劳动者、劳动资料和劳动对象三方面。

马克思在深入研究了近代资本主义生产方式的特点后，首先得出了科学技术是生产力的观点，它对生产力的影响渗透于这三个因素之中。按照马克思主义的观点，科学技术在知识形态上是一种潜在的生产力，一旦进入生产领域，就会转化为现实的、直接的生产力。

随着现代科学技术的日新月异，科学技术对各要素的影响更为深刻。劳动者脑力和体力相结合，其中大部分是以脑力劳动为主、掌握了现代科学技术的劳动者。劳动工具在科学技术的影响下不断更新和改造，极大促进了生产力的发展。劳动对象也不再拘泥于自然和半自然状态的物质，人类利用科学技术已经创造出许多前所未有的劳动对象为人们的生产和生活服务。科学技术决定着各要素的发展水平和性质，成为生产力诸要素中起决定作用的第一要素。

第二，科学技术对经济发展起第一位的变革作用。

科学技术经历了三次伟大革命，每一次都引发了生产力的巨大进步，刺激了经济的快速发展。18世纪60年代开始的第一次科技革命，是以力学为基础的蒸汽机技术的革命，推动人类由农业社会过渡到工业社会。19世纪70年代的第二次科技革命是以电磁学为基础的电力技术革命，把人类推进到电力时代。20世纪50年代前后发生的第三次技术革命是以量子力学和相对论为技术的电子技术革命，随着原子能、计算机的日益广泛应用，生产力获得空前的发展。

实践证明，科学技术对经济发展已经起到决定性作用。20世纪初，发达国家科技进步在国民经济增长中的贡献率为5%—20%；到50年代，其所占份额为50%；70年代上升至70%；到了90年代已达到70%以上，其中教育和培训的份额占20%左右。伟大的理论指导伟大的实践，"科学技术是第一生产力"观点的提出揭示了科学技术对经济发展的决定作用，将带动经济更大规模的发展。

第三，以信息技术为主体的高科技产业作用更加突出。

在农业社会，一个人的最大年产值为2 000美元。在工业经济社会，一个人的年产值可达2万美元。在信息社会，高科技产业人均年产值可达到10万至20万美元。高科技的兴起极大促进了劳动生产率的提高，几乎触及到国民经济的所有部门。因此1988年邓小平提出"科学技术是第一生产力"的论断，其实质是中国必须加入到以信息技术为主体的世界高科技竞争中去，只有在高科技领域拥有了一席之地，才能在现代化的道路上前进得更快。更重要的是，早在1988年他就指出21世纪是高科技的世纪，"近一二十年来，世界科学技术发展得多快啊！高科技领域的一个突破，带动一批产业的发展。离开科学技术能增长得这么快吗？"

国际经济合作发展组织在《以知识为基础的经济》报告中对知识经济作了定义：知识经济是指建立在知识和信息的生产、分配和使用之上的经济。因此，发展高科技并使其产业化，是推动生产力迅速发展的捷径。面对21世纪的知识经济时代，世界高科技发展一日千里，中国一定要参与其中，在世界高科技领域占有一席之地。

第四，现代科学使管理日趋现代化、科学化。随着社会生产力的不断发展，物的要素和人的要素有机地结合起来，管理成为由潜在生产力变为现实生产力的关键。科学技术面向经济建设不断展开和二者的广泛结合，是管理成为生产力的重要范畴。科学、技术、管理必称为现代经济发展的三个重要因素。

三、科教兴国战略的提出

科教兴国战略是党中央、国务院按照邓小平理论和党的基本路线，科学分析世界经济状况和社会发展趋势，从中国国情出发，为实现现代化建设"三步走"的宏伟目标而提出的重大战略措施，是以江泽民为核心的党中央深刻分析国际国内形势而作出的重大部署，是对邓小平关于科学技术是第一生产力和把教育摆在优先发展战略地位的思想的重大发展。

邓小平从20世纪70年代后期到90年代初期形成和发展起来的依靠科技和教育进行现代化建设的科学思想，为提出和实施科教兴国发展战略奠定了坚实的理论基础。1977年，邓小平就明确地把科技和教育的发展作为发展经济、建设现代化强国的先导。1978年，在全国科学大会和全国教育工作会议上，邓小平深刻地论述了经济快速发展离不开科技进步、而科技进步又依赖于教育的关系，从战略的高度强调大力发展科技和教育的重要意义。1982年，邓小平在论述20年内中国发展战略的重点时强调："搞好教育和科学工作，我看是关键。没有人才不行，没有知识不行。"1985年，在全国教育工作会议上，邓小平指出："我们国家，国力的强弱，经济发展后劲的大小，越来越取决于劳动者的素质，取决于知识分子的数量和质量。"

根据邓小平的这个战略思想，党中央在1985年先后发布了科技体制改革的决定和教育体制改革的决定，分别确定了"经济建设必须依靠科学技术，科学技术工作面向经济建设"和"教育必须为社会主义建设服务，社会主义建设必须依靠教育"的战略方针。1993年，党中央、国务院发布了《中国教育改革与发展纲要》，提出"教育是社会主义现代化建设的基础，必须坚持把教育摆在优先发展的战略地位"。

1995年，在全国科学技术大会上首次正式提出科教兴国战略。江泽民在会上指出："科教兴国，是指全面落实科学技术是第一生产力的思想，坚持教育为本，把科技和教育摆在经济、社会发展的重要位置，增强国家的科技实力及向现实生产力转化的能力，提高全民族的科技文化素质。"重申要"把经济建设转移到依靠科学技术进步和提高劳动者素质的轨道上来，加速实现国家的繁荣昌盛"。

四、实施科教兴国战略的主要措施

党的十三届四中全会以来，以江泽民为核心的中央领导集体，坚定不移地贯彻"科学技术是第一生产力"的战略思想，紧跟当代新科技革命的时代潮流，制定并抓紧实施科教兴国战略，把马克思主义对科技和教育在经济社会发展中的作用的理论认识又提升到了一个新高度。当前，以信息科学、信息技术为主要标志的世界科技革命正在形成新的高潮，"知识经济"已初见端倪，科学给社会生产和生活方式带来深刻变化。

科技进步成为经济发展的决定因素，科学技术实力成为衡量国家综合国力的重要标志。世界各国，特别是大国都在制定和实施21世纪的发展战略，抢占科技的制高点。面对发达国家在经济与科技上占优势的压力，面对中国经济和社会发展中的突出问题，实施科教兴国，主要应从以下几个方面着手：

第一，实施人才战略，把培养、吸纳和用好人才作为一项重大任务。着眼于现代化建设全局和长远发展，培养和造就坚持走中国特色社会主义道路，有较高政治理论素养和开拓精神，掌握现代科学文化和管理知识，并经过实践考验的高素质领导人才队伍。培养和造就具有公仆意识，廉洁、勤政、高素质、专业化的公务员队伍。培养和造就掌握先进科学技术和管理知识、创新能力强、适应经济和社会发展需要的各类专业人才队伍和企业经营管理者队伍。重视培养具有世界前沿水平的学科带头人。普遍提高全体劳动者的科学素养和劳动技能。吸引聘用海外高级专门人才。鼓励留学人员回国工作或以适当方式为祖国服务。

第二，深化科技体制改革，进一步促进科技与经济紧密结合。优化科技资源配置，进一步解决科技与经济脱节问题，解决科研领域内的部门所有和单位分割等问题。建立企业技术创新体系，鼓励并引导企业建立研究开发机构，推动企业成为技术进步和创新的主体。建立为中小企业服务的技术创新支持系统，提高中小企业创新能力。加强产学研结合，鼓励应用开发型科研院所进入企业或改制为企业。建立国家知识创新体系，推进知识创新工程，促进大学与科研机构联合，形成一批具有国际影响的科研机构。加强中介服务体系建设，建立社会化的科技中介服务体系。扩大国际科技合作与交流，鼓励外资企业在中国设立研究开发机构。

第三，促进科技进步和创新，为结构调整和经济发展提供强大动力。

一要积极推进具有战略意义的高技术研究，力争在一些关系国民经济命脉和国家安全的关键技术领域取得突破。努力提高自主创新能力，促进高新技术成果产业化。

二要为传统产业升级提供技术支持。

三要加强基础研究和应用技术研究，提高科技持续创新能力。加强基础科学重点领域的前沿性交叉性研究。促进自然科学与社会科学的交叉融合，推动管理科学发展。重视发展哲学社会科学，推进理论创新。

第四，深化办学体制和教育管理体制改革。加快办学体制改革，积极鼓励、支持和规范社会力量以多种形式办学，基本形成政府办学为主，公办学校和民办学校共同发展的格局。深化教育管理体制改革，进一步转变管理方式，依法落实高等学校办学自主权，推进高校后勤服务社会化改革。深化与毕业生就业相关的劳动人事制度改革。健全奖学金、助学金和助学贷款等制度。坚持教育适度超前发展，为国民经济和社会发展服务。发展教育，要面向现代化、面向世界、面向未来，着力推进素质教育，促进学生德、智、体、美全面发展。巩固基本普及九年义务教育和基本扫除青壮年文盲的成果，加快高中阶段教育和高等教育的发展，重点建设一批高水平大学和学科。大力发展职业教育和职业培训，建立职业教育与普通教育相互沟通的教育体系。发展成人教育和多种形式的继续教育，逐步形成终身教育体系。提高教学质量。加强德育，尤其要重视青少年的品德教育，改进学校思想政治工作。搞好教师队伍建设，全面提高教师的思想和业务素质。总之，实施科教兴国战略是一项长期而艰巨的任务，必须立足当前，着眼长远，在全面建设小康社会的过程中常抓不懈。

第六节 转变经济增长方式

继1978年党的十一届三中全会确定了把工作中心转移到经济建设上来以后，党的十二大提出把全部经济工作转到以经济效益为中心的轨道上来。集约型经济增长方式呼之欲出。1987

年党的十三大提出，使经济建设转到依靠科学技术进步和提高劳动力素质的轨道上来，提出要从粗放型经营为主逐步转为以集约型经营为主。党的十四大进一步号召要努力提高科学技术在经济增长中的含量，从而促进整个经济由粗放型向集约型转变。1995年9月，中央召开了第十四届五中全会，会上审议并通过了《中共中央关于制定国民经济和社会发展"九五"计划和2010年远景目标的建议》。建议指出，实现今后十五年的奋斗目标关键是要实现两个具有全局意义的根本性转变，即经济体制由计划经济体制向社会主义市场经济转变，经济增长方式由粗放型向集约型转变。这"两个根本转变"，一个是在强调生产关系的改革，一个着重指明生产力如何发展，两者相互联系又相互促进，都是为了促进国民经济持续、快速、健康发展和社会全面进步。

一、实现经济增长方式由粗放型向集约型转变

经济增长方式一般分为粗放型和集约型两种方式。

粗放型增长方式，是指主要依靠生产要素的数量扩张而实现经济增长的方式，其表现是高投入、高消耗、低产出、低效

率。它的实质是以数量的增长和发展速度为中心。

集约型增长方式，是指依靠生产要素的科学配置、科技进步和提高劳动者素质，通过提高生产效率而实现经济增长的方式。它的实质是以提高经济增长质量和经济效益为中心。

在改革开放以前，中国经济增长从总体上说是以产值增长为目标，以增加积累和投入为手段，以外延扩大再生产为特点的粗放型增长。在中国经济发展的初期，由于工业基础薄弱，在工业化进程中，实行外延的扩大再生产，从无到有，从少到多，从小到大，都是势在必行，无可厚非的。与此相适应，实行计划经济，有利于高度集中人力、物力、财力，优先发展重工业。在一定阶段内，致力于追求以产值为目标的高速度，主要依靠以投入为手段的规模经济。但是，必须充分认识到这种经济增长方式有着明显的局限性和副作用，特别是如果掌握失度，其消极影响就更多、更大。

回顾建国以来，中国经济建设出现过多次较大的波动。一再发生经济过热，一再进行各种形式的调整，甚至发生持续的通货膨胀，影响了经济的正常发展。在20世纪80年代初期及以后近十多年中，发生了重复建设，投资规模过大，结构趋同，造成生产能力过剩、开工率低、亏损面大等不少弊端。这些问题的根子都是与传统的粗放型经济增长密切相关的。

经过几十年经济建设的实践证明,这种粗放型的经济增长方式是浪费资源、缺乏效益的一种非经济性的增长方式。根据中国人均收入低下、资源稀缺、经济效益低下的国情和状况,走一条速度又快、效益又好的路子成为一种必然的选择。党的十一届三中全会以后,在党的重要会议和重要文献中,不止一次地提出和强调过转变经济增长方式问题。党的十一届三中全会确定工作重点转向经济建设,就要求各项经济活动必须讲求经济效益;党的十二大提出,把全部经济工作转到以经济效益为中心的轨道上来;党的十三大提出,使经济建设转到依靠科学技术进步和提高劳动力素质的轨道上来;党的十四大进一步强调,努力提高科技进步在经济增长中所占的含量,促进整个经济由粗放型经营向集约型经营转变。1995年9月,中国共产党第十四届五中全会审议通过的《中共中央关于制定国民经济和社会发展"九五"计划和2010年远景目标的建议》明确地提出:实现今后十五年的奋斗目标,关键是实现两个具有全局意义的根本性转变,一是经济体制从传统的计划经济体制向社主义市场经济体制转变，二是经济增长方式从粗放型向集约型转变。实现经济增长方式转变，是实现中国经济发展战略目标的关键之一。

二、尊重经济规律

经济规律是经济发展过程中经济现象之间共同的、普遍的和经常起作用的，是经济现象之间内在的本质联系，是不以人的意志为转移的客观存在。人们可以认识和利用经济规律，但不能消灭、改造，更不能创造出新的经济规律。任何人凭主观意志办事，违背它的要求，就会受到惩罚，经济发展过程就会遭到干扰和破坏。邓小平一再强调，搞社会主义现代化建设，必须正确认识和尊重社会主义建设的客观规律，按照经济规律办事。邓小平指出："经济工作要按经济规律办事，不能弄虚作假，不能空喊口号，要有一套科学的办法。"这是邓小平深刻总结中国社会主义建设经验教训得出的重要的结论。过去不是不想发展生产力，而是方法不对头，搞"大跃进"、人民公社，违背了客观的社会经济发展规律，损失很大，效果不好。尊重经济规律，按经济规律办事，是保证中国经济持续、快速、健康发展的重要条件。正如邓小平所指出的："我们要按价值规律办事，按经济规律办事。搞得好，有可能为今后50年以至70年的持续、稳定、协调发展打下基础。"

第一，按经济规律办事必须一切从实际出发。搞社会主义建设，首先必须深刻认识中国的国情，具体来说，就是经济建设要从实际出发。中国最大的实际就是仍处于社会主义初级阶段，超越这一发展阶段去制定经济发展战略，就违背了生产关系一定要适合生产力发展要求的客观规律，其结果就必然欲速则不达。

第二，按经济规律办事必须统筹兼顾，正确处理各种比例关系。社会主义现代化建设是一项伟大的事业，在经济和社会发展过程中涉及许多方面，它们相互联系、相互依存，客观上存在各种比例关系，所以，必须按照统筹兼顾的原则来调节各种利益的相互关系，安排好各种比例关系。

第三，按经济规律办事必须讲求实际，不搞形式主义。好大喜功、搞形式主义常常是一些领导干部显示"政绩"的方式。为此违背客观经济规律，急躁冒进，喊出一些不切实际的口号，甚至弄虚作假，虚报统计指标，这必然给经济工作带来极大的危害。邓小平对这种违背客观规律的工作作风深恶痛绝:"追求表面文章,不讲实际效果、实际效率、实际速度、实际质量、实际成本的形式主义必须制止。说空话、说大话、说假话的恶习必须杜绝。"邓小平强调:"我们需要的是鼓实劲,不是鼓虚劲。就是说,我们的工作要扎实,效果要实实在在。所谓鼓实劲,不鼓虚劲,拿科学的语言来说,就是按客观规律办事。"

第四,按经济规律办事必须运用经济的方法管理经济。用经济方法管理经济,就是要尊重市场经济的客观规律,运用市场机制来管理经济,绝不能按照"长官意志"或依靠行政命令瞎指挥。为此就必须有一批素质高、专业好、能按经济规律办事的人。正如邓小平所指出的:"按经济规律办事,就要培养一批能按经济规律办事的人。我们需要一些专家、懂行的人,现在不懂行的人太多了,'万金油'干部太多了,我们的干部有一千八百万,缺少的是专业干部、技术人员、管理人员和其他各种专业人员。"[①]

---

① 《邓小平文选》第2卷,人民出版社1994年版,第196页。

三、抓住机遇，加快发展

邓小平一再强调，社会主义现代化建设必须抓住机遇，加快发展，力争出现若干个发展速度比较快、效益又比较好的阶段，每隔几年经济发展上一个台阶，实现国民经济持续、快速、健康地发展。

第一，实现社会经济发展战略必须隔几年上一个台阶。邓小平总结了国内外经济发展的实践，提出了"台阶式"的发展思想。他说："可能我们经济发展还是波浪式前进。过几年有一个飞跃，跳一个台阶，跳了以后，发现问题及时调整一下，再前进。"

经济发展是由多种因素综合作用的结果，而各种因素也是运动变化的，有一定的随机性。所以，经济发展过程决不是一个直线运动过程，它和其他事物的发展一样，是曲折的、波浪式的前进过程。邓小平提出的"台阶"论，更强调发展。事物从量变到质变，中间还会出现部分质变，阶段性质的飞跃。经济发展程度过几年有一个质的飞跃，跳上一个台阶。"台阶式"的发展，也在一定程度反映经济发展的周期性。

国内外实践经验也表明，出现若干发展速度快、效益好的阶段是完全可能的。上台阶就是要抓住有利时机，加快经济健康发展的速度，它不仅反映了人民迫切要求尽快改变贫穷落后状况的愿望，体现了巩固和发展社会主义制度的客观要求，同时也深刻地揭示了现代经济发展和中国的现代化经济建设的客观规律。

第二，实现社会经济发展战略必须加快发展经济。

中国社会主义建设包含的问题很多，矛盾十分复杂，中国经济落后、文化落后、科学技术落后，还有诸如保持政治稳定、实现祖国统一、加强国防建设等，都需要采取正确的政策和措施一个一个地逐步加以解决。但是解决中国所有的困难和问题，都集中到一点，就是把发展放到首位，用发展来统领一切，在发展中变被动为主动，变不利为有利，变困难为成就。

只有中国的社会主义发展了，才能使不相信社会主义的人逐步相信社会主义，才能更好地坚持社会主义。正如邓小平所说："最终说服不相信社会主义的人要靠我们的发展。"

第三，实现社会经济发展战略必须善于抓住机遇。机遇是事物发展过程某些特定的条件，任何事物的发展都有一定的机遇，机遇是事物发展中必然性的表现和补充。社会发展机遇实际上也是社会发展必然性的表现和补充。在具体形式上，它是难得的有利的时间、空间、环境和条件的总和的表现。邓小平告诫我们："要抓住机会，现在就是好机会。我就担心丧失机会。不抓呀，看到的机会就丢掉了，时间一晃就过去了。"

当前，国际和国内环境给中国实现发展战略提供了难得的机遇。从国际环境来看，和平与发展已成为时代的主题，和平为发展创造了条件，更为中国的发展赢得了时间；当今世界正朝多极化发展，各种力量重新分化组合，增加了中国经济发展的回旋余地；世界科学技术快速发展和国际经济结构加速重组的趋势，为中国经济发展提供了可供借鉴和利用的条件。从国内经济发展的条件看，经过三十多年的改革开放，中国经济的整体水平和综合国力有了显著提高，为今后加速经济发展奠定了坚实的物质基础；改革开放的进一步发展，为加快经济发展注入了新的活力。必须抓住机遇，加快发展，不能错过良好时机。

四、坚持速度与效益的统一，注重国民经济比例关系

第一，经济发展以提高经济效益为中心。

经济效益，是指在社会主义经济活动中，劳动消耗或劳动占用与所取得的符合社会和人民需要的劳动成果的对比关系，即投入和产出的比率。提高经济效益就是要用一定量的投入去取得尽可能多的符合社会需要的产出。邓小平十分重视经济效益。他不止一次地强调经济发展，要"重视经济效益，不要片面追求产值、产量的增长"，"讲求经济效益和总的社会效益，这样的速度才过得硬"。

速度、比例、效益是国民经济发展中的三个重要因素，其中经济效益处于核心地位。它们是互为条件、互相促进的辨证统一关系，但也会产生矛盾。速度是前提，只有经济发展了，财富增多了，比例协调才有意义，才能取得经济效益；比例是实现经济发展，提高经济效益的重要条件；而经济效益是中心，没有效益的速度不但不会给人民带来任何好处，而且会造成社会财富的巨大浪费。所以，当三者发生矛盾时，必须服

从经济效益,必须始终把提高经济效益作为全部经济工作的中心。

因此,坚持经济发展要以提高经济效益为中心,具有非常重要的意义:能够逐步缓解中国人口多、资源相对不足、资金严重短缺的矛盾;能够增加供给,缓解供需矛盾,更好地满足人民日益增长的物质文化生活的需要;能够加速工业化、现代化的进程,增强中国的经济实力,缩小与发达国家之间的经济差距。

第二,国民经济按比例地协调发展。保证国民经济顺利发展,必须安排好国民经济各部门、各地区、社会生产各环节之间协调发展。

按比例分配社会劳动是社会化生产的客观规律。比例协调,意味着按照社会需要合理分配社会劳动,实现资源的合理配置,使国民经济处于良性循环之中,这是保证国民经济持续、快速、健康发展的必要条件。同时,只有保持比例协调,才能避免造成巨大浪费,提高经济效益。所以,比例协调"是我们的经济走向正常的、稳定的发展的前提","没有按比例发展就不可能有稳定的、确实可靠的高速度"。当然,"对于我们这样的发展中的大国来说,经济要发展得快一点,不可能总是那么平平静静、稳稳当当。要注意经济稳定、协调地发展,但稳定和协调也是相对的,不是绝对的。发展才是硬道理"。这就是说,必须保持国民经济各种比例关系协调发展。但是,比例关系的平衡是一种动态的平衡,平衡是相对的,不平衡是绝对的。决不能为了保持比例协调,总是谨小慎微、平平稳稳,迈不开步子,从而丧失时机,延缓现代化进程。

第三,经济快速发展要量力而行。邓小平指出,经济要加快发展,不断上新台阶,"不是鼓励不切实际的高速度,还是要扎扎实实,讲求效益,稳步协调发展"。这与历史上的"大跃进"不同。"大跃进"以行政命令和唯意志论代替客观经济规律,其结果只能适得其反。现在强调从实际出发,一步一个脚印,在提倡效益的前提下尽可能发展得快些。低速度就等于停滞,甚至倒退,结果是丧失时机。

五、经济增长方式转变的必要性

根据中国人均收入水平比较低、资源稀缺、经济效益低下的国情和状况，实现经济增长方式由粗放型向集约型转变是非常必要的。

第一，转变经济增长方式是中国参与国际经济竞争的需要。世界经济的一体化发展，使各国的市场日益紧密地连接在一起，市场竞争也日趋激烈。这种竞争主要是以科技为基础的综合国力的竞争，提高中国的综合国力，固然要重视扩大经济总量和加快发展速度，但支撑经济增长和增强综合国力的深层次因素，是科技进步和提高劳动者素质。国际市场竞争主要是科技、质量、效益和效率的较量。中国要参与国际经济竞争，只有转变经济增长方式，才能立于不败之地。

第二，转变经济增长方式是新的发展阶段的客观要求。目前，中国已进入工业化发展的新阶段，已建立了比较完整的工业体系和国民经济体系，经济规模已相当可观。这一阶段对经济增长提出的要求更多的是质量和效益，即要求以集约型增长方式取代粗放型增长方式，提高国民经济的整体素质。

第三，转变经济增长方式是中国基本国情的客观要求。经济增长需要资源的支持，但相对于人类的无限需求，任何资源都是有限的。由于中国人口众多，人均资源占有量相对贫乏，一些重要的资源，中国的人均占有量与世界平均水平相比，差距较大。以中国的人口数量和生产规模，依赖国际市场购入大量资源来支持粗放型经济增长，是不切实际的。在人均资源占有量相对贫乏的资源约束下，如果不转换经济增长方式，必将难以为继，削弱经济发展的基础，影响经济发展的后劲。

第四，转变经济增长方式是实现可持续发展战略的要求。粗放型增长方式追求数量增长和发展速度，忽视经济增长的内在质量和效益，忽视经济建设与资源、环境相互协调。只有转变经济增长方式，形成经济增长与经济效益、产业结构、资源利用、环境保护之间的协调关系，才能保持国民经济良性循环，促进经济稳定增长，实现可持续发展。

第七节　全面建成小康社会

胡锦涛在党的十八大报告中提出："综观国际国内大势，中国发展仍处于可以大有作为的重要战略机遇期。要准确判断重要战略机遇期内涵和条件的变化，全面把握机遇，沉着应对挑战，赢得主动，赢得优势，赢得未来，确保到2020年实现全面建成小康社会宏伟目标。"①这是执政的中国共产党向13亿人民的庄严承诺，更是中国共产党人的历史担当。

一、对中国目前小康社会水平的清醒认识

全面建成小康社会，是实现21世纪头五十年"中国梦"和后百年"中国梦"最重要的一个发展阶段。中国人在21世纪头二十年的梦想是什么呢？在了解这个梦想的内涵之前，人们注意到，中国领导人对自己面临的挑战和肩负的任务有着十分清醒的认识。

党的十六大指出："一方面，经过全党和全国各族人民的共同努力，胜利地实现了社会主义现代化建设'三步走'战略的第一步、第二步目标，人民生活总体上达到小康水平。这是社会主义制度的伟大胜利，是中华民族发展史上一个新的里程

---

① 胡锦涛：《坚定不移沿着中国特色社会主义道路前进　为全面建成小康社会奋斗——在中国共产党第十八次全国代表大会上的报告》，《人民日报》2012年11月8日第1版。

碑；另一方面，中国正处于并将长期处于社会主义初级阶段，现在达到的小康还是低水平的、不全面的、发展很不平衡的小康。"应该说，这是一个十分清醒的估价，既肯定了中国人经过三十多年改革开放取得的历史性成就，又指出了中国目前存在的问题以及继续前进的方向。

对于人口众多、底子又薄的中国来说，改革开放以来，仅用三十多年的时间就实现了建立小康社会的奋斗目标，其速度之快在世界上实属罕见。但同时也应该看到，中国现在达到的小康还是低水平的小康。所以，十六大报告提醒大家："我国生产力和科技、教育还比较落后，实现工业化和现代化还有很长的路要走；城乡二元经济结构还没有改变，地区差距扩大的趋势尚未扭转，贫困人口还为数不少；人口总量继续增加，老龄人口比重上升，就业和社会保障压力增大；生态环境、自然资源和经济社会发展的矛盾日益突出；仍然面临发达国家在经济科技等方面占优势的压力；经济体制和其他方面的管理体制还不完善；民主体制建设和思想道德建设等方面还存在一些不容忽视的问题。巩固和提高目前达到的小康水平，还需要进行长时期的艰苦奋斗。"正是在这样清醒认识的基础上,中国领导人提出要把一个"低水平的、不全面的、发展不平衡的小康社会"转变为一个"全面的"小康社会。

二、新的全面建设小康社会的目标

党的十八大报告根据中国经济社会发展实际,要在十六大、十七大确立的全面建设小康社会目标的基础上,努力实现新的目标:"经济持续健康发展。转变经济发展方式取得重大进展,在发展平衡性、协调性、可持续性明显增强的基础上,实现国内生产总值和城乡居民人均收入比2010年翻一番。科技进步对经济增长的贡献率大幅上升,进入创新型国家行列。工业化基本实现,信息化水平大幅提升,城镇化质量明显提高,农业现代化和社会主义新农村建设成效显著,区域协调发展机制基本形成。对外开放水平进一步提高,国际竞争力明显增强。人民民主不断扩大。民主制度更加完善,民主形式更加丰富,人民积极性、主动性、创造性进一步发挥。依法治国基本方略全面落实,法治政府基本建成,司法公信力不断提高,人权得到切实尊重和保障。文化软实力显著增强。社会主义核心价值体系深入人心，公民文明素质和社会文明程度明显提高。文化产品更加丰富，公共文化服务体系基本建成，文化产业成为国民经济支柱性产业，中华文化走出去迈出更大步伐，社会主义文化强国建设基础更加坚实。人民生活水平全面提高。基本公共服务均等化总体实现。全民受教育程度和创新人才培养水平明显提高，进入人才强国和人力资源强国行列，教育现代化基本实现。就业更加充分。收入分配差距缩小，中等收入群体持续扩大，扶贫对象大幅减少。社会保障全民覆盖，人人享有基本医疗卫生服务，住房保障体系基本形成，社会和谐稳定。资源节约型、环境友好型社会建设取得重大进展。主体功能区布局基本形成，资源循环利用体系初步建立。单位国内生产总值能源消耗和二氧化碳排放大幅下降，主要污染物排放总量显著减少。森林覆盖率提高，生态系统稳定性增强，人居环境明显改善。"①

---

① 胡锦涛：《坚定不移沿着中国特色社会主义道路前进　为全面建成小康社会奋斗——在中国共产党第十八次全国代表大会上的报告》，《人民日报》2012年11月8日第1版。

对于十八大报告中确立的全面建设小康社会的新目标,可以进行以下分析:

1. 在政治上,社会主义民主要更加完善,社会主义法制要更加完备,依法治国基本方略要得到全面落实,人民的政治、经济和文化权益得到切实尊重和保障。基层民主更加健全,社会秩序良好,人民安居乐业。

2. 在经济与社会发展上,要在优化结构和提高效益的基础上,国内生产总值到2020年力争比2000年翻两番,综合国力和国际竞争力明显增强。也就是到2020年,按可比价格计算,国内生产总值将接近36万亿元人民币,按现在的汇率计算约为4.3万亿美元,人口14亿以上,则人均3 000美元,这相当于中等收入国家的平均水平。这就需要通过改革和发展,基本实现工业化,建成完善的社会主义市场经济体制和更具活力、更加开放的经济体系。城镇人口的比重较大幅度提高,工农差别、城乡差别和地区差别扩大的趋势逐步扭转。社会保障体系比较健全,社会就业比较充分,家庭财产普遍增加,人民过上更加富足的生活。

3. 在文化上,全民族的思想道德素质、科学文化素质和健康素质要明显提高，形成比较完善的国民教育体系、科技和文化创新体系、全民健身和医疗卫生体系。人民享有接受良好教育的机会，基本普及高中阶段教育，消除文盲。形成全民学习、终身学习的学习型社会，促进人的全面发展。

4. 在人与自然的协调发展上，可持续发展能力要不断增强，生态环境要得到改善，资源利用效率要显著提高，促进人与自然的和谐，推动整个社会走上生产发展、生活富裕、生态良好的文明发展道路。

三、全面建成小康社会具有科学的理论基础

全面建设小康社会是马克思社会发展理论与建设有中国特色社会主义实践相结合的产物。党的十六大在对中国国情作出正确判断的基础上，把全面建设小康社会作为新世纪最初二十年的阶段性目标，制定了具有鲜明中国特色的全面建设小康社会的宏伟纲领。党的十七大提出全面建设小康社会更加全面、均衡、科学的发展目标和要求，既与十六大提出的宏伟目标的要求相一致，又根据经济社会发展新的阶段性特征，作了进一步补充、完善和深化，从而构成了经济建

设、政治建设、文化建设、社会建设和生态文明建设五个方面的目标体系，为确保按期建成小康社会提供了重要理论支撑。

四、全面建成小康社会具备充分的现实依据

在改革开放三十多年一以贯之的接力探索中，党坚持以马克思列宁主义、毛泽东思想、邓小平理论、"三个代表"重要思想为指导，勇于推进实践基础上的理论创新，围绕坚持和发展中国特色社会主义，提出了一系列紧密相连、相互贯通的新思想、新观点、新论断，形成了科学发展观，对新形势下"实现什么样的发展"、"怎样发展"等重大问题作出了科学回答，为全面建成小康社会提供了清晰的理论指导。

经过三十多年改革开放，中国国民经济持续发展，人民生活水平不断提高，综合国力和国际地位显著提高，为全面建成小康社会打下了坚实的物质基础。社会主义市场经济体制逐步完善；以公有制为主体、多种所有制经济共同发展的基本经济制度，按劳分配为主体、多种分配方式并存的分配

制度不断完善；宏观调控体系不断完善；开放型经济体系正在形成；社会主义民主政治正向制度化、规范化、程序化方向发展；文化管理体制和文化生产经营机制正在完善；科学有效的社会管理体制加快形成；生态文明制度正加快建立。这一切都为全面建成小康社会提供了重要的制度保障。

五、全面建成小康社会具有坚实的实践条件

作为中国现代化建设的阶段性目标，全面建成小康社会与中国现代化建设"三步走"战略是一致的。

以毛泽东为核心的中央领导集体带领全国人民艰苦奋斗，建立起了独立的、比较完整的工业体系和国民经济体系。

以邓小平为核心的中央领导集体基于对时代特征、历史方位的准确把握，提出了小康社会目标，制定了"三步走"发展战略，党的十五大把"三步走"战略具体化。经过全国人民的不懈努力，在20世纪末人民生活顺利达到了小康水平。

党的十六大以来，中国正朝着建设一个更高水平、更全面的、更平衡的小康社会的目标迈进。在以胡锦涛为核心的中央领导集体坚强领导下，成功地把社会主义现代化建设推

进到新的发展阶段,为全面建成小康社会打下了坚实基础。

"全面建成小康社会,必须以更大的政治勇气和智慧,不失时机深化重要领域改革,坚决破除一切妨碍科学发展的思想观念和体制机制弊端,构建系统完备、科学规范、运行有效的制度体系,使各方面制度更加成熟更加定型。要加快完善社会主义市场经济体制,完善公有制为主体、多种所有制经济共同发展的基本经济制度,完善按劳分配为主体、多种分配方式并存的分配制度,更大程度更广范围发挥市场在资源配置中的基础性作用,完善宏观调控体系,完善开放型经济体系,推动经济更有效率、更加公平、更可持续发展。加快推进社会主义民主政治制度化、规范化、程序化,从各层次各领域扩大公民有序政治参与,实现国家各项工作法治化。加快完善文化管理体制和文化生产经营机制,基本建立现代文化市场体系,健全国有文化资产管理体制,形成有利于创新创造的文化发展环境。加快形成科学有效的社会管理体制,完善社会保障体系,健全基层公共服务和社会管理网络,建立确保社会既充满活力又和谐有序的体制机制。加快建立生态文明制度,健全国土空间开发、资源节约、生态环境保护的体制机制，推动形成人与自然和谐发展现代化建设新格局。"①2020年全面建成小康社会，是中国共产党为实现中华民族伟大复兴的务实选择。从历史和现实的维度看，中国共产党完全有智慧、有能力兑现自己的庄严承诺。

---

① 胡锦涛：《坚定不移沿着中国特色社会主义道路前进　为全面建成小康社会奋斗——在中国共产党第十八次全国代表大会上的报告》，《人民日报》2012年11月8日第1版。

参 考 文 献

［1］马克思恩格斯全集（第6卷、第9卷）［M］．北京：人民出版社，1961.

［2］马克思恩格斯全集（第16卷）［M］．北京：人民出版社，1964.

［3］马克思恩格斯选集（第1卷、第23卷）［M］．北京：人民出版社，1972.

［4］马克思恩格斯全集（第20卷）［M］．北京：人民出版社，1973.

［5］马克思恩格斯全集（第26卷）［M］．北京：人民出版社，1976.

［6］马克思恩格斯全集（第42卷、第46卷）［M］．北京：人民出版社，1979.

［7］马克思恩格斯全集（第3卷、第4卷）［M］．北

京：人民出版社，1995.

［8］马克思恩格斯全集（第31卷）［M］. 北京：人民出版社，1998.

［9］马克思恩格斯文集（第1卷、第3卷、第5卷、第8卷）. 北京：人民出版社，2009.

［10］列宁文选（第4卷）［M］. 北京：人民出版社，1992.

［11］邓小平文选（第2卷）［M］. 北京：人民出版社，1994.

［12］邓小平文选（第2卷）［M］. 北京：人民出版社，1993.

［13］中共中央关于完善社会主义市场经济体制若干问题的决定. 十六大以来重要文献选编（上）［M］. 北京：中央文献出版社，2005.

［14］江泽民. 论"三个代表"［M］. 北京：中央文献出版社，2001.

［15］江泽民. 加快改革开放和现代化建设步伐，夺取有中国特色社会主义事业的更大胜利——在庆祝建党八十周年大

会上的讲话,十五大以来重要文献选编(下)[M].北京:中央文献出版社,2003.

[16]江泽民.高举邓小平理论伟大旗帜,把建设有中国特色社会主义事业全面推向21世纪——在中国共产党第十五次全国代表大会上的报告[OL].人民网,2007_8_29.

[17]江泽民.全面建设小康社会 开创中国特色社会主义事业新局面——在中国共产党第十六次代表大会上的报告[OL].新华网,2002_11_8.

[18]胡锦涛.高举中国特色社会主义伟大旗帜为夺取全面建设小康社会新胜利而奋斗——在中国共产党第十七次全国代表大会上的报告[N],人民日报,2007—10—25.

[19]胡锦涛.坚定不移沿着中国特色社会主义道路前进为全面建成小康社会奋斗——在中国共产党第十八次全国代表大会上的报告[N],人民日报,2012—11—8.

[20]田炳信.邓小平的最后一次南行[M].广东:广州旅游出版社,2004.

[21]黄孟复.中国民营经济发展报告[M].北京:社会科学文献出版社,2007—2008.

［22］国家统计局．新时代新跨越中国经济发展取得举世瞩目成就［J］，《中国国情国力》，2002.

［23］国家统计局．三步走战略基础坚实国民经济快速发展［J］．中国经济信息，2002（21）．

［24］中国统计出版社．中国统计年鉴［F］，1978—2007.

［25］国家统计局．2010年第六次全国人口普查主要数据公报［R］，2010.